物語 近代哲学史

クサヌスからガリレイまで

ルチャーノ・デ・クレシェンツォ◉谷口 伊兵衛／G・ピアッザ＝訳

目次

はじめに……7
第1章　ニコラウス・クサヌス……11
第2章　ロレンツォ・ヴァラ……19
第3章　マルシリオ・フィチーノ……25
第4章　ピコ・デラ・ミランドラ……31
第5章　ジローラモ・サヴォナローラ……39
第6章　レオナルド・ダ・ヴィンチ……43
第7章　ロレンツォ・イル・マニフィコ……53
第8章　ピエトロ・ポンポナッツィ……61
第9章　ロッテルダムのエラスムス……67
第10章　トーマス・モーア……77
第11章　ニコロ・マキャヴェリ……83
第12章　フランチェスコ・グイッチャルディーニ……93
第13章　マルチン・ルター……97
第14章　ウルリヒ・ツヴィングリ……103

第15章　ジャン・カルヴァン……107
第16章　ニコラウス・コペルニクス……113
第17章　ティコ・ブラーエとヨハンネス・ケプラー……119
第18章　医師と魔術師……127
第19章　ノストラダムス……137
第20章　ベルナルディーノ・テレジオ……141
第21章　ミシェル・ド・モンテーニュ……147
第22章　ジョルダーノ・ブルーノ……153
第23章　フランシスコ・スアレスとルイス・デ・モリナ……159
第24章　フランシス・ベーコン……163
第25章　トンマーゾ・カンパネラ……169
第26章　ガリレオ・ガリレイ……177
注……184
訳者あとがき……187
索　引

装幀・大石一雄

STORIA DELLA FILOSOFIA MODERNA
Da Niccolò Cusano a Galileo Galilei
by Luciano De Crescenzo

First published by Arnoldo Mondadori Editore, Milan
Japanese language translation rights arranged with
Luciano De Crescenzo c/o Grandi & Associati,
Milan, through Tuttle-Mori Agency, Inc., Tokyo

物語　近代哲学史

――クサヌスからガリレイまで――

「哲学をばかにすることこそ、真に哲学することである。」

ブレーズ・パスカル『パンセ』、四

はじめに

革命というとき、どういうわけか、すぐ頭に浮かぶのは十八世紀末とか二十世紀初頭、つまり、フランス革命とかロシア革命であり、十五世紀や十六世紀は絶対といってよいくらい、思い浮かびません。とはいえ、最大の変化が起きたのはまさしくこの時期だったのです。脳裡に浮かぶまま、文化領域やこれを特徴づけた人びとを列挙しますと、マルシリオ・フィチーノとフランシス・ベーコンの哲学、クリフトフォルス・コロンブスとアメリゴ・ヴェスプッチの地理学、コペルニクス、ティコ・ブラーエ、ケプラー、ガリレイの天文学、マキャヴェリとグイッチャルディーニの政治学、ヨハンネス・グーテンベルクの印刷術の始まり、レオナルド、ラファエロ、ミケランジェロの美術、ブルネレスキとレオン・バッティスタ・アルベルティの遠近法の発見、マルティン・ルター、ツヴィングリ、カルヴァンの宗教、その他多数（今は思い浮かびませんが）があります。ところで、周知のとおり、これらはヒューマニズムやルネサンスの名称で歴史に残りました。

ある人にとっては、ヒューマニズムとは十五世紀に始まった歴史時期であって、人文的内容、つまり、ギリシャ・ローマの古典が再評価された時代ということになります。逆に他の人にとっては、それは人間が人間として再評価されるということです。前者にとっては、ソクラテス、プラトン、アリストテレス、キケロ、タキトゥス、セネカが言ったことを無視することはできませんでした。逆に後者にとっては、人間やその発明・発見にスペースを空《あ》けたために、神は少し席を外すことになったのです。ちょうどこの時代にピコ・デラ・ミランドラの『人間の尊厳について』が出版されたのも偶然ではないのです。

中世期のスローガンは〈「涙の谷のなかを巡礼する」人という観方から派生した〉「われわれは苦しむために生まれている」ということだったのですが、ルネサンス期のそれは、〈ホラティウスの《今日を捕えよ〈現在を楽しめ〉》なる考えから派生した〉ロレンツォ・イル・マニフィコの決まり文句「楽しみたい人は、そうせよ」でしたから、この二つの時期の違いがいかにはなはだしかったか、これでも歴然としています。

ロッテルダムのエラスムスは友に宛てた手紙の中で、生きることに疲れたと告白し、こう言っています、「私は五十歳に達しているから、十分に生きたと思っています。それでもやはり、せめて数年なりとも若返られたら喜ぶでしょう。黄金の世紀が私の周囲で現われだしているのが見えるからです」と。

実際、人生が憂さ晴らし、教養、遊び、友人との散歩、から成るようになったのです。たぶん当初は人はまだ少々臆病でとまどっていたのでしょうが、年月が経過するにつれ徐々に自分の頭で考え始め、そして、歴史家ヨハン・ホイジンハの言うところによれば、「神の手の中の素晴らしいおもちゃ」と化したのです。

当時までは、読み書きできたのは修道士や司祭だけでしたし、司祭はミサを執り行うほかに、医師、精神分析学者、薬剤師も行っていたのです。でも、科学者では決してなかった。なにしろ、科学は教会当局からよく思われてはいなかったからです。しかし、文化革命には社会革命がくっついたのです。極貧階層、つまり、労働者階層が脚光を浴び始めます。こうして、繊維工業、冶金工業、ガラス製造工業が誕生してきます。建築技術や造船における進歩は言うまでもありません。最後に学校は学的討論（disputatio）、つまり、生徒が教師（magister）から聞いたばかりのことに疑念を抱き、全員の前でそれを言う可能性、を獲得したのです。

当時のイタリアで重きをなしていた国家は五つあり、正確には、ナポリ、ヴェネツィア、ミラノ、フィレンツェの各王国と、教会でした。最後の教会は、たんにヴァティカンの壁に限られず、ラツィオ、マルケ、エミーリアの一部、ロマーニャ、ウンブリアを包む厖大な地域を支配していました。メディチ家やスフォルツァ家を始めとして、どの館《やかた》も教会当局を無視することができませんでしたし、したがって、その権力をずっと甘受する結果になったのです。

中世期には信仰が理性を二対〇で負かしていたのです。カトリック教徒に課せられた往来は、家から教会、教会から家、でしたし、一メートルでも離れるとただでは済まなかったのです。でもナポリでは“Dalli e dalli, si scassano pure i metalli”〔点滴石《いし》を穿《うが》つ〕と言われています。そういうわけで、とうとう理性も引き分けに持ち込むことに成功したのです。最初の得点を入れたのは、ニコラウス・クサヌスでした。

ニコラウス・クサヌス（1401－1464）

第1章　ニコラウス・クサヌス

ニコラウス・クサヌスは一四〇一年、ドイツのクエス（Kues）に生まれた。成人したとき、自分の名字が発音し難い——クリプフス、クレイプス、フライフス、その他——ことに気づいた。そこで、これを変えて、故郷に敬意を表してクサヌスと呼んでもらうことにした。当初オランダのデフェンテル（Deventer）で学び、その後ハイデルベルク、そして最後にパドヴァに移り、ここで法学の学位を取得した。彼の弁護士としての最初の裁判はまったくひどい結果になった。依頼人は検察官から要求されたより以上の罪をくらったのであり、そのため、クサヌスは職を変えざるを得なくなったほどだった。

神学は彼の真の初恋だった。それから、当時の流行に従い、司祭となって、イタリア人社会と付き合いだした。明らかに彼はイタリア人社会のほうがドイツ人たちよりもドイツ的でないと考えたに違いないのだが、実は間違いだった。なにしろ、イタリア人のほうがはるかに厚かましいことが分かったからだ。青年期にたくさんの著述を著したが、なかでも、『無学者』、『信仰の平安について』、『見神について』と、『球遊び』なるエッセイがある。

三十歳を過ぎてから、バーゼル公会議の対議に参加し、ここでは鋭い発言で注目された。ところで知っておくべきことは、当時、会議への参加者たちはなんでもやれたが、両立させることだけは下手だったということだ。実際、バーゼルではすぐさま二つの派に分かれ、互いにけんかしたのである。ローマ法王を絶対君主と見なす一派と、教会のほかの成員を諮問に役立つと信じる一派との間で。ニコラウスはこれらの間に立ち、対立する両派を仲介しようと全力を尽くした。ところが、ある日困ったことに、神と万有はともに無限である以上、同じであると公言したため、汎神論だと弾劾され、幾年間か投獄されたのだった。

しかし次の段階では彼はすっかり考えを変えたため、ブレッサノーネ（ブリクセン）の司祭に任ぜられ、すぐに枢機卿、さらに法王領の司祭総代理となった。この日から、彼は法王の忠実な召使いとなったのだが、このことは哲学史上、最初の無節操者の称号を彼にもたらしたのだった。一四六四年、イタリアのトーディで没した。六十三歳だった。

ニコラウス・クサヌスの思想は、片足を神学、もう片足を形而上学に置いている。たとえば、無限なる概念は、彼を「狂わせる」ことになった。

クサヌスによると、「無限を考えることは、人間には困難である」。

それから、彼は忘れがたい経験をすることになる。ギリシャからイタリアへと三本マストの船で旅をしていて、ある夜眠れないので甲板に出ることにした。夜明けであって、彼の周囲には見渡す限り、海また海しかなかった。一片の土地も島も、目を止めるべき岩もなかった。

彼は考えた、「これこそ無限であるに違いないし、これこそ神であるに違いない」。

それから彼が見たのは、イタリアの海岸へ向かっている鳥の群れだった。

彼は叫んだ、「おお、神さま！　翼を持ち、永遠に飛び続けて無限の端に到達できるのは、何と素晴らしいことでしょう！」

けれども、このとき彼は馬鹿げたことを言ったことに気づいた。

「《無限の端》なる表現は語の矛盾である。無限は端をもつことができない。無限とは最大限に延ばされた円周であるし、したがって、最大限に延ばされている以上、それは直線に等しい。」

最後に彼が分かったのは、無知そのものを自覚することだけが彼の助けになり得た、ということである。そこで、帰宅するや、『知ある無知について』なるエッセイを執筆しにかかったのだった。

彼の結論はこうである、「無知でなければ、もっと上にあるものごとを把握することはできない」。

他方、無知と自己規定するのは、何も彼が最初ではなかったし、最後でもないであろう。ソクラテスからアドリアーノ・チェレンターノ[1]に至るまで[2]、無知を手柄として自慢した人はいつもいるものなのだ。とりわけニコラウス・クサヌスは、容易に分からない事柄を理解するための方法として、無知を示唆したのである。そして、彼は正しかった。私たちが博物館に入館するときとか、ある本を読み始めるときには、自分自身のことを忘れて、今生まれたばかりだと思えば、何でもがこの上なく魅力的に見えるであろうからだ。

私はクサヌスをよく見かける。彼の遺骸はローマの私の家から数歩のところにあるサン・ピエトロ

・イン・ヴィンコリ教会に安置されているのだ。道路を横断するだけでよいのである。
たいてい月曜日には、私はコッラード・リッチ広場のスナック・バーで朝食をとることにしているし、そこでは決まって、かつての級友で、ミケランジェロの大ファンであるエドゥアルド・クリスクオロに出会う。

まず新聞を買い、次にカップッチーノ、クロワッサンを注文し、クリスクオロとお喋りし、それから、サン・ピエトロ・イン・ヴィンコリにあるミケランジェロの『モーセ像』を見物する。ところでこの教会を入ってすぐ左手には、ニコラウス・クサヌスの墓があるのだ。クリスクオロはこれに一瞥もくれずに前を通り過ぎるのだが、私はと言えば、歩みを緩めて、彼に温かな挨拶をおくることにしている。

ニコラウス・クサヌスについて

私が思うに、自然の中にはゼロも無限も存在しない。せいぜい想像できるのは、ゼロまたは無限に近づくものであり、これ以上のものはもう想像できない。古代ローマにはゼロは存在しなかった。バグダットに住んでいたアラブ人アブー・アル＝フワーリズミーなる者によって西暦八世紀になってやっと発見されたのである。逆に、無限に関しては、私は存在しないことを証明できたらと思うのだが、それが難しいことに気づいている。だから、早々に読者から見棄てられる危険を犯さないために、本章をふっ飛ばして、次章に移るようお勧めしたい。少々の善意と、学校で習った少しばかりの幾何学の知識とを働かして、こんなことにチャレンジしたいのであれば別だが。

さて、私たちがたんなる一次元の動物であると想像しよう。私たちはそれぞれ、直線上に生きるちょっとしたハイフンに過ぎない。

ある時点で、一つのハイフンが他のハイフンに言う、

「ところで、君によれば、私たちがその上で生活しているこの直線は、有限なのか、それとも無限なのか?」

第二のハイフンがためらわずに答える、

「無限なのだよ。なぜなら、終わっても、その後からすぐに別の直線部分がいつも現われるだろうからね。」

「いや違う」、と私たちの背後にいる第三のハイフン——アルベルトと呼ばれている。さながらアインシュタインみたいに——が反論する、「君らに直線に見えるものは、たんに円周の一部分に過ぎないのだよ」。

「何の一部分だって?」

「……円周、つまり閉じた円の、だ。君らが直線の上を絶えず進み続ければ、遅かれ早かれ出発点に戻ることになろう。」

先の二つのハイフンは依然として分からないままだ。なにしろ、彼らはたんなる一次元の哀れな無知な存在であるため、円周が二次元の形だと想像することができないからだ。

私たちが二次元の動物だとしても、同じことが起きるであろう。この場合は、私たちはそれぞれ一種のピザのようなものであり、平らな表面の上に生きることであろう。どの女性もぺっちゃんこになっていて、胸も尻もないであろう。ナオミ・キャンベルだって、ぺっちゃんこなものになっているだろう。そしてこの場合だって、私たちとしては自問するであろう――自分らがその上で生活している平面が有限なのか、それとも無限なのか、と。すると今回もピザのアルベルトが私たちにこんなことを考えさせるであろう、「君らが平面であると思っているものは、みんなも知っているように、有限な形である一つの球の小部分にほかならないのだよ。だから、どの方向に進み続けようと、いつも出発点に戻ることになるのさ」。

前の場合におけるように、ピザたちは二次元の個体であるので、球が三次元の幾何学的な形をしていることを理解することができないであろう。

この時点で、話を終えるために、私たちの状態、つまり、三次元の動物であるものと想像してみよう。私たちは無限の空間に生活しているものと確信しているのだが、やはり、あのうるさいアルベルトがおり、私たちに忠告するのだ――私たちの空間は三次元ではなくて、四次元から成っており、第四の次元は時間なのだよ、と。

一つの問題は、私たちが三次元の哀れな動物であるので、四次元から成る空間を想像し難い、という点だ。しかし確実なことは、これら次元の一つを絶えず進み続ければ、出発点に戻ることになるという点だ。なぜか？　無限そのものが存在しないからである。

要約すれば、こう言えよう。n次元の空間から、$n+1$の次元の空間へ移るたびごとに、当初無限に思えるものが、即座に有限となる。とにかくもう一度繰り返そう。もし$n+1$の次元の空間がどういうものか把握し難いとしても、もうあまりご心配には及ばない。すぐ次章に移られたい。

ロレンツォ・ヴァラ（1407－1457）

第2章　ロレンツォ・ヴァラ

キリスト教に基づき享楽《エピクロス》主義を実行することはできるのか？　それを確信した人がいる。たとえば、ロレンツォ・ヴァラ（一四〇七－一四五七）である。彼は神よりも自然を、むしろより厳密に言うと、自然の良さを信じていた。当時でも地震や洪水がなかったわけではない。確かにあったのだが、ただし、毎晩それらを見せてくれるテレビがなかったのだ。

ロレンツォはローマの中のローマ人であって、幸福を聖なる享楽（divina voluptas）と同一視していた。そして、ある人から汎神論を非難されたとき、彼は自然は地上における神の顕現にほかならないと言って弁護したのだった。彼は実際、詩人ホラティウスとまさしく同じように、自分が「エピクロスの群れにいる豚[3]」のようなものだと感じていた。ローマのカンツォーネ「儂らにはどうでもいい、関係ない[4]……」を作ったのも、もしかして彼だったのかも知れない。実際、彼の教えに従えば、私たちはどんな快楽に身を委ねてもかまわないのだ。ミート・ソースであえたマカロニ、赤ぶどう酒のコップ一杯、美少女との付き合い、これらは罪ではなくて、神が私たちにはかなき定めをもった人間だと自覚させるいろいろのやり方に過ぎないのである。

著書『享楽および真の善について』の中で、彼はエピクロスの異教思想を実証的キリスト教思想に転化させようとして、すべての幸福の根底には欲望があるという所説を唱えている。したがって、真のゴールは快楽への到達というよりも、それに到達しうるためになされるべき過程だ、ということになる。ヌーディスト・キャンプののぞき魔くらい、不幸な者はいない。私が言っているのではなくて、フロイトが言っている言葉に、「成功への到達は神経症の始まりでもある」[5]というのがある。

ヴァラは『享楽について』の中で人びとに、何にもまして自由を欲求するように誘っている。この本は三人の対話から成る。所有物の放棄を勧める禁欲主義者（いささか面倒臭い）、肉体的快楽を信ずる享楽主義者（少々女たらし）と、これら二人の口論者を仲介し、ただキリスト教の教えだけが真の快楽と真の幸福とを両立させうると主張する哲学者（彼本人）である。最後に結びとして彼はこう言っている。

私たちキリスト教徒にとって快楽とは、魂を四肢から解放した後で私たちに天の至福に到達することを可能にする一つの梯子なのである。[6]

ともかく大事なことは苦しみを避けることなのだ。その他のことはみな、大したことではないのである。

ロレンツォ・ヴァラについて

および彼の罪悪観について、私見を述べてみたい。私に省察させてくれたのは、一九三〇年の私の工学の同僚で、俗名マリオ・ヴァラウリである。ヴァラウリはわけても、運命の奇妙ないたずらで、"valla"で始まる名字を持っていた。ともかく、彼もやはり、〔七つの〕大罪を信じていなかったのである。

ある日、私たちがピザ屋にいたとき、彼は私に言ったのだ、「僕には色欲は罪ではない」と。

「どういう意味で罪ではないのかい?」と私が訊いた。

「僕が認める唯一の犯罪は、誰かが傷つけられるものだという意味でだよ。君がセックスしているとき、君は誰をも傷つけないいし、罪を犯してもいない。」

「そんなことを言うのはたやすい。でも、サン・セバスチャーノ教区司祭、サンタ・ルチーア教区司祭の、ドン・アタナージオのところに行ってそれを説明してくれよ。」

「サン・セバスチャーノは何の関係があるのかい?」

「大いに関係ありだよ。だって僕がまだ少年時代からの告解師ドン・アタナージオは僕に言ったんだ、独りではしたない行為をやるとそのたびに、絶頂の瞬間にサン・セバスチャーノが矢で撃たれるって、ね。」

「いや、サン・セバスチャーノが撃たれるのは、君がはしたない行為をしながら、誰か他人を傷つけているときだけだよ。僕が生まれてこのかた、セックスしたのは、合意した、いやむしろ、うずうずしている女性たちとだけなんだ。ある晩のことだが、相当に年増の七〇歳に近い婦人が僕を称賛さえしたのを思い出すよ。もちろん、僕はこの愛の行為をボランティア仕事と見なしたいところだ。」

「こりゃちょっと大袈裟に思えるなあ」、と私は口を挿んだ、「でも暴飲暴食も罪ではないのかい?」

「もちろんだよ。今、僕は素敵なピザ・マルゲリータを食べているが、これが誰かを傷つけるのかね？　誰をも傷つけはしない。むしろ、君にあえて言っておくが、もう一つ僕は注文するつもりさ。」

「じゃ、高慢、怠惰、憤怒、貪欲、羨望は？」

「これらも罪じゃない。ひどい場合には、罪になるから、そんなことして隣人を傷つけてはいけない。大事なことは、何かをやる前に、君が自問してみることさ、《誰かを傷つけてはいまいか？》と。そして、答えが否定的ならば、静かに眠るがよい。そうすれば君は天国行きだよ。」

「じゃ、浮気は？　君にはこれは罪なのか、それとも罪ではないのか？」

「一概には言えない。見つかれば罪になる。その場合には、裏切られた相手を傷つけるからだ。最悪なのは、まず浮気しておいて、後から罪悪感に苦しんで、配偶者に向かって、《ねえ君、一つ告白しなくてはならないことがあるんだ》と言う連中さ。」

「じゃ、ドラッグは？」

「罪だ。」

「なぜかい？」と私は彼に訊いた、「君がドラッグを常用したら、誰を傷つけるのかね？　君自身だけじゃないか。」

「軽々しく思わないでおくれ！　僕が《誰か》というとき、そのなかには僕自身をも含めているんだ。たとえば、自殺することも罪なのだよ。」

マルシリオ・フィチーノ（1433－1499）

第3章　マルシリオ・フィチーノ

マルシリオ・フィチーノ（一四三三―一四九九）――パドヴァのマルシリオ（マルシリウス）（一二九〇頃―一三四二）と混同してはいけない――はフィリオーネ・ヴァルダルノに生まれた、れっきとしたトスカーナ人だった。自著（『ヘルメス主義者たち』、『神学』、『キリスト教について』、『十二書簡集』）のほかに、プラトンの一行目から最終行まで（ラテン語に）翻訳し、その後、ホメロス、プロクロス、ヘシオドスをも訳したという功績があった。今日、私たちがインターネット上でも古典を読めるのは、いくらかは彼のお蔭なのだ。だが、真に大事なことは、彼がプラトニック・ラヴを賛美するエッセイを書いたという事実だ。（注意すべきは、プラトニック・ラヴをセックスのない愛と解すべきではなくて、人の魂が翼のおかげで天の祖国に到達できるそれと解すべきだということである。）

マルシリオ・フィチーノの主要な課題は、キリスト教をプラトン哲学と共存させること、したがって、モーセの十戒を『対話篇』と両立させることにあった。ありのままを言うと、彼はイエスよりもプラトンのほうが好きだったのだが、口からこんなことを洩らしたりは決してしなかった。教会当局から、他の人びとと同じように、生きたまま火あぶりにされることを怖れたからである。

マルシリオは哲学者であるほかに、魔術師や大いなる廷臣でもあった。フィレンツェのメディチ家の宮廷近くに食事付きで宿泊し、そこから全然動こうとしなかった。それだけではない。プラトンとキリスト教とを腕を組んで旅させるという彼の考え（敬虔な哲学と自称していた）は、彼の庇護者で主人たる、メディチ家のコジモをして、一四五九年にコレッジョに新プラトン派の研究に打ち込む一つのアカデミアを創設させるに至らせた。このアカデミアの学長としてフィチーノ本人は懸命に活動したのだった。ある日、彼はエロスは「われらが主の地上への拡散」だと主張するに至った、と言われている。私たちが信じようが信じまいが、彼がこんな言明をしたときには、居合わせた生徒たちから真のスタンディング・オヴェイションを受けたことだろう。もちろん、生徒は男ばかりだった。

プラトン同様、彼は芸術を過小評価していた。彼は言っていた――影がイデアの模倣であるとすれば、芸術は影の模倣である以上、模倣の模倣にほかならない、と。そうと言えるかも知れないが、模倣にもいろいろある。たとえば、カラヴァッジョの模倣を見たら、感動で息も止まりそうになるであろう。

マルシリオ・フィチーノにとって、人間は動物の中でもっとも不幸なものなのだ。あらゆる生き物と同じく、身体が虚弱（imbecillitas corporis）であるとともに、魂の不安（inquietudo animi）、つまり、死なねばならぬという意識をもっているからだ。犬は死が待ち構えているのを知らないから、最期の瞬間まで落ち着いて生きのびるのだが、逆に人間は最期に近づくにつれて、ますます不幸になる。自分を鏡に映し、自分の死をスローモーションで眺めるのである。

マルシリオに言わせると、宇宙はそれぞれが順番に高くに位置する五つのレヴェルから成っている。すなわち、

1 身体
2 性質
3 魂
4 天使
5 神。

身体はその第一次的欲求――つまり、飲食する、暑過ぎる、寒過ぎる、セックスする、等々のこと――で、生涯ずっと私たちを条件づけているものである。

性質は私たちが身体を満足させるや否や、姿を現わしてくる。

魂は神の反映のようなものであり、二つの世界――此岸と彼岸――の間の通り道である。魂はより下の〝もの〟を放棄するよう強いられずに、より上の〝もの〟を直観できるだけである。

天使は率直に言って、私には分からないし、神のレヴェルはもっと分からない。たぶん、ある日――できるだけ遅いことを望みたいが――マルシリオ・フィチーノ本人が私に説明してくれるであろう……。

マルシリオ・フィチーノについて

および魂の不安――つまり、私たちが死なねばならぬという意識――について、私たちがどういう状態にあるのかを見てみよう。イタリアでは毎晩、交通事故での死者が何十人も数えられる。たいていは、ディスコから出るや否や、猛スピードの車で通りに跳び出した二十歳そこそこの若者たちである。彼らは事故の統計をすべて知っていても、それほど気にかけない。なぜか？　死にはしないと本心から確信しているからだ。換言すると、彼らは魂の不安をもっていないのだ。私とて、若い時分にはそんな不安をもっていなかったし、死が存在するなんて知らずにいた。ところが今日では老人（たぶん）になっていて、日に四回は死のことを考える。これはソクラテスの影響なのだ。この偉大なアテナイ人は言っていたのだ、「生きるとは、死の観念に慣れることを意味する」と。それはそうと、魂の不安が私たちの事故評価法にどの程度影響を及ぼしているかを自問してみよう。

八十歳になり、平均寿命より五歳しか残っていないイタリア人にとっては、この政策はとたんに再評価されるであろう。実際、八十歳の人にとって、次の外相が〝自由の極〟〔中道右派の連携〕の人か、〝オリーヴの木〟〔中道左派連合〕の人かということが、いったい何の重要性をもつというのか？　かつて、たぶん一九四八年には、彼の一票が大事だったろう。当時は、合衆国と旧ソ連との選択にかかわっていたからだ。ところが今日では、中道左派連合政策と中道右派連合政策は、とりわけ、死の観念を前にすると、はなはだよく似かよっているのだ。いや、もう止そう。さもないと、私がノン・ポリのように思われる危険があるし、そんなことになれば私の邪魔になろうから。

しかし、政策だけではなくて、日常のほかの関心事も再評価されるであろう。今かりに、外出して、私の車が盗まれたと分かれば、笑いごとではすまないが、絶望で髪の毛をかきむしりはしないであろう。この種の出来事に絶望するのは、最低の哲学者だけだろう。他方、哲学とはまさしく、生を死の物差しで測ることができるという能力にほかならないのである。

むしろ、うつ状態こそが魂の不安の一形態ではないかどうかを自問してみよう。私はそうだと思うし、その理由を述べてみたい。

人の魂は船外モーターに似ている。うまく機能するためには、一定数の回転をしなければならず、それを超えてはいけない。アウトボードエンジンのスクリューは、水中で三〇〇〇回転する。より多く回転するほど、船は速く進む。だが、水上で回転させ三〇〇〇回を超えるとすぐに焼けてしまう。なぜか？　スクリューは水の抵抗に打ち勝つために作られているからだ。この抵抗がないと、スクリューは故障するのである。さて、私たちの魂は生の困難さを克服するためにできているのだ。この困難さがなくなる日には、私たちの魂も回転を超えてしまうことに、つまり、うつ状態に入ってしまうのである。反対の現象はストレスと呼ばれる。

ピコ・デラ・ミランドラ（1463－1495）

第4章　ピコ・デラ・ミランドラ

今日、記憶力の良い人がいると、「君はピコ・デラ・ミランドラを気取るつもりかい？」とみんなから言われる。実際、話によると、ピコはラテン語の本のページを一度読んだだけで、暗記して繰り返すことができ、また或る日のこと、驚いて聞き入る人の前で、今度はしかも逆さまに、最後の言葉から最初の言葉へとそれを繰り返してみせたとのことである。この逸話はあまりにも有名なため、一九三九年に作家ジョヴァンニ・パピーニははたして彼の頭蓋骨が平均より大きかったかどうかを調べるために、発掘させたほどである(7)。

ミランドラの王子で、コンコルディアの伯爵ジョヴァンニ・ピコは一四六三年二月二十四日に或る城内で生まれ、ボローニャで教会法を、フェラーラで文学を、パドヴァで哲学を、パヴィーアでギリシャ語を研究した。彼の第一の目的は、人間の人間としての尊厳を再確認することにあった。まさしく『人間の尊厳について』と題する九〇〇条から成るエッセイをローマの哲学者たちの会議で発表する目的で書いた。「偉大なる奇跡、それは人間である」(Magnum miraculum est homo)(8)というのがマニフェストだったのであり、それから、アラブ人たちの記録の中で、サラセン人アブダラが「世界に人間ほど素晴らしいものは見当たらない」と答えているのを読んだ(9)、と付言していたのである。

けれども、この件は決して実現しなかったのだ。それというのも、そうこうするうちに、ピコは人間は半分は神、半分は動物だ、とうっかり口をすべらしたのであり、これだけで、彼が第一級の異端者だという非難をひき起こすのには十分だったのである。彼のテーゼの七つは法王の査問委員会で異端と判定された。残念ながら当時は、神に関する一切のことに関しては、仮説を立てることさえできなかったのである。われらが哲学者はインノケンチウス八世の命令で逮捕され、ヴァンセンヌ城塞に監禁されたのだった。しかし一カ月後、ロレンツォ・イル・マニフィコが彼を保護下に置き、実際上、彼の生命を救ったのである。最後に数年後、法王アレクサンデル六世により赦免されたのだった。

実は彼がローマに着かなかったということは、まったく別の理由があったからかも知れない。イタリア・ルネサンスのゴシップで語られていることなのだが、メディチ家のジュリアーノの妻でマルゲリータという美女が、ローマへの途中、アレッツォの門外で彼とデートすることになっており、夫人の夫がこれを知るところとなって、武装した男たちの一団を背後から襲わせた、というのだ。この衝突でピコを護衛していた優に一七名の兵士が惨殺され、彼本人も片腕を負傷したらしい。この逸話の真偽のほどは分からないが、確かなことは、このミランドラの王子が大修道者であるほかに、がむしゃらなドン・ファンでもあったという事実だ。ところで、委細に立ち入りたければ、彼はこの貴族のマルゲリータの「指に触れる勇気がなかった」のである。にもかかわらず、何十篇もの詩を彼女に書き送ったのだが、これらは引き続き焼かれてしまったのだった。ピコは格言めいたことを言っている、「詩と哲学の二股をかけると、詩人にも哲学者にもなれない危険をおかすことになる」と。

さて、人間の創造について彼がどう語っているかを見てみよう。

神は超天界を精神〔天使〕たちで飾り、エーテル的なもろもろの球〔遊星の球と恒星の球〕を永遠の霊魂で生かし、下位の世界〔月の球より下位の世界〕の汚れ、澱んでいるもろもろの部分を、あらゆる種類の動物で満たしました。しかし、仕事が完了したとき、かの工匠〔神〕は「これほどの大きな仕事の意味を考え、その美を愛し、その偉大さに驚嘆するあるもの」が存在することを欲しました。(10)

彼の言うところによると、私たちは各人が内部に一人の天使と一人の悪魔をもっており、これらがけんかばかりしているのである。天使が一つのことを勧めると、悪魔がすぐに反対のことをそそのかすのだ。それから、私たちの自由意志がこれら二人のどちらが正しいかを選ぶであろう。引き続き、彼の『人間の尊厳について』の一部分を見てみよう。

「アダムよ、われわれ〔神〕はおまえを天上的なものとしても、地上的なものとしても、死すべきものとしても、不死なるものとしても造らなかったが、それは、おまえ自身のいわば《自由意志を備えた名誉ある造形者・形成者》として、おまえが選び取る形をおまえ自身が造り出すためである。おまえは、下位のものどもである獣へと退化することもできるだろうし、また上位のものどもである神的なものへと、おまえの決心によっては生まれ変わることもできるだろう。(11)」

このエッセイの後半では、ピコは世界平和を賛美し、彼の判断では、起こりうべき戦争を回避できる唯一のものたる神学に訴えることを読者に勧めている。彼の呼びかけを読むと、さながら法王ヴォイティラ〔ヨハネス＝パウロ二世〕の声を聞く思いがする。

彼に大切なもう一つの論題にカバラ――といっても、ロットで賭ける数字選びのことではなくて、本の行間に神を見つけられるように神から送られた神秘な教説のことである――がある。カバラという語がヘブライ語で〝解釈〟を意味するのも偶然ではない。言わば、聖書にある章句の中にいつも神の現前を垣間見られるのと同じなのである。彼がアラビア語を学んだのも、どうやら、テクストを原語で読めるようになるためだったらしい。

最後に、占星術師、魔術師、超常現象全般の愛好者、を軽蔑するという論題があった。このことに関してはジローラモ・サヴォナローラとの出会いが決定づけた。このフェラーラの修道士は神父よりも民衆扇動者にふさわしい、その激しい性格のせいですっかり彼にショックを与えたのだった。彼の言葉に従うと、その日「すっかり心を動かされて、髪の毛が縮れるまでになった」という。一週間後、まさしく『占星術反駁』（一四九四年）と題する小冊子が出た。この論文の中で、ピコ・デラ・ミランドラは星占いを糾弾し、天文学（高貴な術 ars nobile）と占星術（詐欺の術 ars fraudolenta）とを峻別している。誰かが、一年前に恐ろしい惨事が起きると或る魔術師から予言されたことを語ると、ピコは答えるのだった――そんなものは予言ではなくて、偶然の一致だったのだ、と。そして私としても告白しておくが、同感である。

信じてもらえないかも知れないが、誰にもあまり関心がなかったジローラモ・サヴォナローラでさえ、若いピコにはいくらか共感を覚えたのだった。彼はピコを地獄ではなく、煉獄に入れていたのであり、このことはサヴォナローラのような人間にしては、もう最大の敬意だったのである。

ピコ・デラ・ミランドラは一四九五年、僅か三十一歳で亡くなった。どうやら、彼の遺産を目論んだ二人の召使いによって毒殺されたらしい。今際《いまわ》の際《きわ》に彼はこう言ったらしい、「死は苦しみの終わりではなくて、われらが主に加えた冒瀆の終わりなのだ」と。

ピコ・デラ・ミランドラについて

私は一〇年このかた、記憶力に大きな問題を抱えている。すべてを、もっとも大事なことでも忘れているのだ。それだから、私の頭脳はコンピューターのようなものだと悟った次第。記憶で一杯になるや、ほかの記憶をすることを拒否するのだ。言い換えると、新しいものを入れるために、少し古いものを追い出すのだ。たとえば、私は人びとの顔を、ときには友だちの顔すらも忘れる。誰かが言うのには、これは人相失認症（prosopoagnosia. ここでの *πρόσωπον*（プローソーポン）とは「顔」を、*ἀγνωσία*（アグノーシーア）は「無知」を意味する）であって、血液を頭脳に運ぶ血管の虚血によるものらしい。ピコはもちろん、右脳にあり余る血液をもっていたのに違いない。私はそれが少ないのだ。では、人相失認症はどうやって治せるのか？　医者は日にアスピリン一個でよいと言う。さもありなん。

このことに関連して、私はひどい経験をしたことがある。あるとき、夕食していて、ソフィア・ローレンを確認できなかったのだ。私は彼女に訊いた、「あなたのご職業は？」すると、ソフィアはこれを冗談と思ったのである。考えてもください、私は幸いなことに、ほんの数年前、彼女との映画を二本製作したばかりだったし、その一本『土曜、日曜、月曜』では、彼女の愛人役までしていたのだ。

また、ある晩のこと、私は（唯一の）姉クラーラを思い出せなかった。私は彼女に自己紹介して「初めまして。デ・クレシェンツォです」と言ったのだ。すると、彼女の目に涙が浮かんだ。それから、低い声で私に言うのだった、「ルチャー、私ですよ！」

しかし、そのピークは友人の家で或る夕方起きた。コートを置くためにうす暗い部屋に入り、私は奥によく識っている一人の男性を見かけた。一瞬（ほんの一瞬）私は独り言をいった、「この人物は知っている」。それからライトを点けたとき、自分が鏡に映っていたことに気づいたのだった。

ジローラモ・サヴォナローラ（1452－1498）

第5章　ジローラモ・サヴォナローラ

ペストみたいに不快で、黄味がかった色をしており、はげて、ちんくしゃな顔をしており、鼻はゆがみ、頬骨がつっぱり、人殺しのような目つきをしていた彼は、いわゆる化け物のようなものだった。人付き合いの術を全然欠いていたから、彼の意見では、主の掟を敬わないような者には誰であろうとも、猛獣のように襲いかかったのだった。彼に言わせると、泥棒したり姦淫したりしている枢機卿たちや、三〇%もの利子を要求している高利貸したちや、また、セックスと酩酊から成るらんちき騒ぎのゆえにルネサンス宮廷の君主たちにも、彼は当たりちらしたのだった。彼はさいころ、カーニヴァルのお祭り騒ぎ、カルタ、競馬をも含めて、いかなる種類の娯楽にもノーを突きつけていた。身売りする女や、それを買う男を毛嫌いした。彼は瀆神者や同性愛者に対しては舌を切ってやりたかったであろう。ボッティチェリの『春』、ピントゥリッキオの『オデュッセウスの帰還』、ペルジーノの各種肖像画も彼の気には入らなかった。彼らが聖画像を描く限りは彼には万事良かったのだが、しかし、少しでも別のテーマに外れると、ただではおかなかったのだ。ロレンツォ・イル・マニフィコの「青春とは何といいものか……」なる詩さえも、彼にとっては邪魔だった。彼は自分だけが完璧だと思っていた。とはいえ彼にも責められるべき欠陥が少なくとも一つあった。つまり、知的に真摯ないかなる個々人でももつべき第一の要件たる、懐疑が完全に欠如していたのである。

一四五二年にフェラーラに生まれた彼は、有名なボローニャのサン・ドミニコ会に入って、宗教による社会全体支配主義の教育を受け、それからフィレンツェのサン・マルコ修道院に読師・説教師として転居し、一四九一年に同修道院長に昇進し、「希望の信者会」というスパイ網を起こした。フィレンツェで不純な行為をしでかすすべての人間を彼に知らさせるためだった。その後、彼本人がサンタ・マリア・デル・フィオーレの説教壇からこれらの人びとを暴露しにかかった。氏名を何度も繰り返して、居合わせた人たちがそれを覚えられるようにしたのだった。フィレンツェには、彼の説教を聴きたがるすべての人びとを収容できるほど大きな教会がなかった。彼の信者たちは泣き虫派（Piagnoni）と呼ばれた（彼らは彼が話すと泣いたからである）し、彼の反対者たちは憤激派（Arrabbiati）と呼ばれた（彼が激高したとき、みんながすぐかっとなったからである）。

泣き虫派は〝敵〟の私宅とか、芸術家の工房とかに押し入ったり、高価な絵画や生地を奪い取ったりして、後でそれらを広場で燃やして、歓喜の歌を大声で上げるのが常だった。サヴォナローラのせいでどれほどの美術品が失われたかは、神のみぞ知る。

彼の第一の敵は法王アレクサンデル六世だった。サヴォナローラはこの法王を、女たらしだ、泥棒だ、聖物売買人だ、異端者だ、殺し屋だ、縁者びいきだ、と口ぎたなくののしった。明らかに、すべて本当だったのだが、その言い方は想像しうる以上に烈しかったのである。

それで、一四九七年十二月、アレクサンデル六世は彼を破門したのだが、彼のほうでも仕返しにアレクサンデル六世を破門した。とにかく、この決闘は最終的に法王の勝利となるのだ。ジローラモ・サヴォナローラと泣き虫派は全員縛り首の判決を受けた。裸足で法衣もなしのまま、十字架を両手にしたままシニョリーア広場に引き出され、そしてここで、狂喜している群衆の間で、石をぶつけられたり、つばをかけられたり、糞を投げつけられたりした。彼らの死体は火あぶりにされ、遺灰はアルノ川に投げ込まれた。一四九八年五月のことだった。

レオナルド・ダ・ヴィンチ（1452－1519）

第6章　レオナルド・ダ・ヴィンチ

最近のミス・イタリアのコンクールで、応募者の一人に、レオナルド・ダ・ヴィンチが何者かと訊かれて、その少女は答えた、「空港です」と。事情がこのとおりなのだから、新しい世代に、イタリア・ルネサンスの最大の天才が誰だったか、どれほど重要な何をしたのかを、誰かが物語ってやることは絶対必要である。

貴族ピエロ・ダ・ヴィンチの私生児として、レオナルドは父親とカテリーナという田舎娘との間の「一発だけのセックス」の結果、一四五二年にフィレンツェ近郊で生まれた。この情事は真夏の午後早くに納屋の中で行われた。それから、彼女の処女を奪った埋め合わせに、ピエロ氏は彼の農場管理者の一人、アカッタブリガなる者と彼女を結婚させたのだった。

家族の伝統に従えば、レオナルドは公証人になるはずだったろう。実際、彼以前に、曽祖父、祖父、父はみな公証人だったのである。ところが、幼少のころから彼がスケッチにたいそう才覚を発揮したので、父親は、或る日彼をフィレンツェでもっとも優れた彫刻家アンドレア・デル・ヴェロッキオに推薦するのがよいと考えた。こうして、まだ未成年ながら、レオナルドは見習いとして工房に入ることになったのである。実は当時、絵画にせよ彫刻にせよ、これらはいわば大工仕事のような、一種の手仕事と見なされていたから、「工房に入ること」は一つの職を見つけたようなものだった。しかし、彼は巧みだったし、あまりにも巧みだったから、人の目につかずには措《お》かなかった。ヴァザーリの語るところによると、ある日彼がイエスの洗礼を表わすカンヴァスの上に天使を描いたのだが、その絵があまりに見事な出来映えだったため、ヴェロッキオはこう叫ばずにはおれなかった、という。

完璧だ！　完璧だ！　こうなったらもう儂は描く気がしない。このリオナルドに絵の残りを全部、彼の絵の具で覆わせることにするぞ。

その後、彼はより優秀な職人が作業している二階へレオナルドを移動させた。実際、ヴェロッキオの工房は二つの階に分かれており、一階では、カンヴァスを用意したり、色の濃淡をつくりだすとか、額縁をはめたり、といったようなより低い仕事がなされており、また逆に二階では、もっとも高級の職人が専念していたのである。

レオナルドは彫刻よりも絵画を好んだ。ある日、彼は言った、

絵画のほうが問題が少ない。彫刻家は顔がいつも粉だらけになるし、朝から晩までからだじゅうに細かい石片を浴びる。だが、画家は反対だ。彼は静かに自分の絵の前に座って描く。画家はよい身なりをしたまま、美しい色をつけた軽やかな筆を動かすのだから。

とはいえ、彼の活動は絵画だけではなかった。ところで、レオナルドが行った全仕事を列挙するのは容易でない。画家、彫刻家のほかに、数学者、解剖学者、植物学者、生理学者、作家、哲学者、地質学者、水力学者、詩人、機械工学者、舞台美術家、建築家、戦闘用機械の発明者、また音楽家でさえあったのだ。ヘリコプター、掘削機、飛行機、パラシュート、潜水用ウェットスーツ、潜水艦、軽航空機、宇宙船、多口径砲、戦車、コンパス、ストーヴ、らせん階段（たとえばシャンボール城を参照）、下水処理施設のデッサンをも残した。今日、一つ以上のことをやる人は何でも屋（tuttologo）と呼ばれているが、この形容語は必ずしもほめことばではない。とにかく、みんなに知っておいてもらいたいのだが、レオナルド・ダ・ヴィンチは全時代で最大の何でも屋だったのである。

マンリー・ウェイド・ウェルマンというSF小説家は、ある日、一人のアメリカ人が時間を逆行しての旅行法を発見することができたと語った。その後、十五世紀末のフィレンツェに思いをはせ、しかもここでは、今日学んだすべてのことを活用した上で、彼は何十もの発明をすべて、レオナルド・ダ・ヴィンチのペンネームで署名したのだった。

レオナルドの第一の規則は比例だった。彼が絵を画くときでも、複雑な装置を企画するときでも、作品の中心と残余の比例はいつも完璧だったのだ。それだけではない。どの傑作にもその都度、私たちにこのことを想起させてくれる小さくないことがさらに存在したのである。たとえば、彼の肖像画でもっとも著名ないくつか、『モナ・リザ』、『ジネーヴラ』、『アーミン服の婦人』を取り上げてみよう。これら三人の女性はみな、考えに耽っており、たぶん微笑している。でも、何を考えているのか？

なぜ微笑しているのか？　レオナルドが彼女らに考えさせているのか？　どういう理由で？　これらの質問にはフロイトが答えてくれる。「フィレンツェの美女の表情には、女性の恋愛生活の矛盾が現われている。そこには慎重さと魅惑、優美さと官能性がある」、と。

ある人は、レオナルドは『モナ・リザ』において自画像を描きたかったのだ、と言っている。その人の見解では、絵画は事物の娘だし、事物はと言えば、自然の娘なのだから、このことは、自然が絵画の祖母であると言うに等しい。さらにその人は正確にはこう言っている——絵を画くときにはいつも二つの次元に基づいてなされるが、眺めるときには三つの次元に基づいてなされる。だから、芸術家は両方の要求を考慮しなければならず、絵画の二つの次元も、視覚の三つの次元も同時に尊重しなければならないのである、と。

『絵画論』の中で、レオナルドは言っている、

良い画家はいつも二つのもの、つまり、人間と、自分の頭にある考えとを描くのである。

しかしながら、彼はいつもすべてがうまくいったわけではない。二十歳のとき、匿名の手紙で、彼が工房の他の三人の仲間と一緒に、ヤコポという少年モデルに対して男色行為をしたと非難された。この非難は証拠不十分となったが、それでもあまりにも信じられ易かった。当時、男色が「フィレンツェの悪癖」と呼ばれたのも偶然ではないのだ。とにかく、このエピソードは父親との大げんかを惹起したのであり、結果、レオナルドは自活してゆく決心をすることになったのである。

一五八二年、ロレンツォ・イル・マニフィコはルドヴィコ・スフォルツァ・イル・モーロ〔一四五二―一五〇八〕ミラノ公〔在位一四九四―一五〇〇〕に銀のリュートを贈り物として持参させるために、レオナルドをミラノに派遣した。こうしてレオナルドのミラノ時代が始まる。この期間、彼はリュート奏者や、スフォルツァ家の指揮下の軍事技師にもなった。彼はリュート演奏のかたわら、要塞を設計したり、射石砲を立案したりしたのだった。

ヴァザーリに言わせると、彼は風刺漫画にも巧みだった。道端で偶然おかしな顔をした人物に出会うと、何時間もその後を尾行し、それから帰宅するや、忠実にその顔を再現したという。いずれも同じようにおかしな顔を描いた六枚のデッサンが残っている。彼が今日生きていたら、新聞のフロント・ページの風刺漫画を描いていることだろう。

彼の性格は陽気だった。冗談を言ったり、笑い話をしたりするのが好きだった。ボッカッチョの『デカメロン』第六日の話みたいに、彼はときどき下品になることがあった。彼の落書きノートにはこんなことが書かれているのだ――"Nuovo cazzo〔新しいチンポ〕, cazzuolo〔チンポコ〕, cazzellone〔大チンポ〕, cazzatello, cazzata, cazzelleria, cazzo inferrigno e cazzo erbato." これがどういう意味なのかは分からないが、彼ほどの人物が、このようなとめどもないことをもてあそぶことができたと考えると、私は嬉しくなるのである。

レオナルドが同性愛者だったことは事実である。だからと言って、セックスがそれほど彼の関心事だったと信ずる必要はない。ある書き物の中では、性交が敵だと言明されているのだ。詳しくはこう

言っている、

性交やそれに関与する四肢はとても見苦しいから、もし顔の美がなかったとしたら、人種はすでに絶滅していたであろう。

とはいえ、一四九〇年に、サライとも言う、ジャコモなる者を工房に採用した。頭がブロンドのカールした髪の毛で覆われた、十歳のとても美しい少年だった。しかし、この少年は一日おきに盗みをした。レオナルドは書いている、

昨日ジャコモは四リラ盗んだ。彼にそのことを白状させることはできなかったが、私には絶対の確信がある。彼は嘘つきで、こそ泥であって、直しようがなく、食いしんぼうだ!

フロイトの語るところでは、レオナルドは生涯にいずれもはなはだ若くてはなはだ美しい、さまざまな弟子をもった。

彼は彼らに優しく寛大だったし、病気をしたときにも、さながら母親のように看病をしてやった。だが才能ではなくて、美しさで弟子を選んだから、彼らの誰一人として偉大な画家にはならなかった。

これら少年たちの最後の者はフランチェスコ・メルツィという名前だった。レオナルドは彼をフランス中部の町アンボアズのクルー城に連れて行った。レオナルドはスフォルツァ家と対立してから、ここに避難したのだった。メルツィは彼の最期までつき添い、彼の相続人となった。

何を言いたいのかって？　絶対に何も言うことはない。彼が私たちに残したものに鑑み、彼のすべては許される。何か許すべきものが常にある限りは。

レオナルド・ダ・ヴィンチについて

自分もなぜ同性愛者でないのか、と私はいつも自問してきた。私の知る限り、私の親愛なギリシャ哲学者たちはみな、少なくとも両性愛者だったし、彼らはまったく恥ずかしがらずにこのことを認めていた。その後、教会が登場するや、出産を目的としないいかなる形のセックスも罪悪視された。やはりギリシャ人に関してだが、『饗宴』のフィナーレは素晴らしい。みんなが集まって、愛について議論していたとき、アルキビアデスがファンの群れを従えて登場してくる。彼はほろ酔いかげんだ。フルート奏者の女が彼を支えて、倒れないようにする。彼は入ってくるなり、アガトンの近くに座しているソクラテスを見て、ソクラテスを非難しにかかる。

「分かっていたんだ」とアルキビアデスが言う、「君は一番の美男子の傍に座るってことを。君は好きな者の近くに席を取るためには何でも考え出すのだ」。

それからほかの哲学者たちに向かって付け加えている、「この人が見えるかい？　ぼくはこの人が好きなんだ。ぼくにはこの人がマルシュアスよりも魅力的だ。マルシュアスは音楽を用いて人びとに魔法をかけたのだが、この人は逆に言葉を用いる。この人が話すと、ぼくの魂は小躍《こおど》りし始め、涙が目から自然に湧き出る。でも、この人がどれほどぼくを苦しませているか、君らは想像できまい！　ぼくはこの人の近くに居るためなら何でもするよ。あるとき、体育場で一緒に運動したし、身体と身体をからませて闘ったのに、この人はまるで何も抱擁しなかったみたいだった。あるときは、恋人に罠をかけるみたいに、この人を自宅に招いたのだが、どうすることもできなかった。同じベットに寝ても、この人はぼくを避けた。この人はぼくにこう言っただけだった、《アルキビアデス、君はその美と私のアイデアとを交換したがっているのかい。それじゃ、銅を金と交換するようなものじゃないか。それは不都合だよ》と」。

ソクラテスを別にすると、私は幼年期に決定的となった一つのエピソードがある。小学校四年生のときなのだが、ある日クラスメイトの一人が、トイレから戻ってきて、言ったのだ、「デ・シモーネがぼくのチンチンに触った」と。

ところで、その日から、哀れデ・シモーネはもはや静かな生活はできなかった。下校するとき毎回、クラス全員が彼を取り囲んで叫んだのである、「ホモちゃん、ホモちゃん、ホモちゃん!」と。

彼のほうはと言うと、可哀想に、恥ずかしくて真っ赤になったのだった。そのとき私は考えたのだ、この世でホモほど悪いものはない、と。したがって、泥棒、馬鹿、犯罪人よりも悪い、と。こうして、私は自分のセックスを選んだのである。けれども仮に西暦紀元前五世紀にギリシャで生きていたとしたら、ひょっとして私もアルキビアデスのようであったかも知れない。

ロレンツォ・イル・マニフィコ（1449－1492）

第7章　ロレンツォ・イル・マニフィコ

私は輪廻《りんね》転生を信じない。仮にすでに生きたとしても、前生のことを何も思い出さない以上、何の重要性があろうか？　人間は移植可能な心臓でも、肝臓でも、肺臓でもないし、人間は脳髄、したがって、記憶力でもある。記憶力が転生しない以上、結果は別の人間なのだ。だが、仮に私のなりたかったような過去の誰かを選ぶよう強制されたとしたら、私はそのときには迷うことなく、ロレンツォ・イル・マニフィコを選ぶであろう。

化学で触媒と言われているのは、進行中の過程を速めることのできる要素のことである。換言すると、一種の驚異的物質が存在すると、良い力が作用して、互いに協力し合うのである。ところで、イル・マニフィコはルネサンスの触媒だった。彼はまだ政治家になる前に、芸術および文化に関して最善だったものをフィレンツェに結集した。彼にあっては、芸術への愛が権力への愛よりもはるかに強かった。グイッチャルディーニは彼を、イタリア文化の〝秤《はかり》の針〟だと規定した。たしかに、メディチ家のような富豪の家に生まれたのは幸いだったし、しかもその後、この生まれを大いに活用したのだった。

ともあれ明らかにしておきたいことは、ロレンツォが哲学者ではなかったということだ。にもかかわらず、ルネサンス哲学が彼に負うところは多大である。彼はその世紀のヒューマニストたちを庇護したのであり、そのなかには、マルシリオ・フィチーノ、ピコ・デラ・ミランドラ、そしてもっとも傑出した芸術家たち、わけても、レオナルド、ポリツィアーノ、プルチがいた。二人の息子がいたのだが、どちらも彼にそれほど似てはいなかった。長男ピエロは大混乱をいろいろひき起こしたし、次男ジョヴァンニは想像を絶するほど熱心な修道者であって、実際、レオ十世なる名称をもつ法王に選ばれるに至ったほどである。

今日、イル・マニフィコはとりわけ次の素晴らしい詩句で記憶されている。

Quant'è bella giovinezza,
che si fugge tuttavia!
Chi vuol essere lieto, sia:
di doman non c'è certezza.

青春の何と美しいことか、
すぐ消え去るとはいえ。
喜びたい者は、そうせよ、
明日には保証はないのだ。

彼はまた、『饗宴』、『鷹狩り』、『謝肉祭歌集』や、プラトニック・ラヴを賛美したエッセイ『争論』を著した。正確に言うと、彼はこんな詩を書いたのだった、

Amando Dio ci si converte
e amando l'amore ci si dilata.

神を愛せば回心する、
愛を愛せば膨張する。

彼はあまり運に恵まれなかった。四十歳そこそこしか生きなかった。史家が言うところでは、ちょうどユリウス・カエサルにも起きたように、気分が悪くなったとき、天に彗星が現われたらしい。名医が呼ばれて、真珠とダイアモンドの粉末から成る不思議な妙薬を彼に飲ませた。彼はそれを飲んで亡くなった。一四九二年、つまり、クリストフォルス・コロンブスがアメリカ大陸に到達した年のことだった。

ロレンツォ・イル・マニフィコについて

「青春の何と美しいことか……」、この詩は私に考えさせる。なかんずく私は自問する――ほんとうに青春は美しいのか？　と。即座に〝イエス〟と答えたいところだが、少しずつ考えるにつれ、私は疑念をもち始めるのである。

たしかに若いときは美しくあることから始まり、それから、時間の経過につれてだんだん醜くなる。その代わりに、やや馬鹿に生まれながらも、その後は、少しずつ賢くなるものだ。私たち老人が少なくとも日に一度感動するのも偶然ではない。私はアニメを眺めてさえ、感動の涙を流している老人を見たことがある。

女性は特に、若いほど美しい。このことについて、私は二つのエピソードを語りたい。ある日、私は二つの学位をもつ八十六歳の女性である、おばアスンタに会いに行った。彼女はナポリの田舎の老人ホーム〝ヴィラ・パーチェ〟に住んでいる。アスンタおばさんは、みな八十歳代の女友だちを私に紹介してくれた。晴天だったので、私たちは戸外で食事した。北伊、南伊、政治、テレビ、さらにはニーチェのことまで話し合った。全員たいそう明晰で思慮深かそうだったが、私は心がちぎれる思いで帰宅した。私が昼食をともにしたのは、もうほとんど生命の涯にたどり着いた人たちだった。反対に、私は《イタリア放送協会（RAI）に非ず》という番組でジャンニ・ボンコンパーニに会いに行ったときのことを憶えている。そこにいたのは女性ばかりだったが、みな十六歳から二十歳の間だった。はっきり言うと、ボンコンパーニの少女たちはやや軽薄な感じを受けた。馬鹿なことですぐに笑い出したり、音楽に合わせてしょっちゅう踊ったりしていた。何という違いか！アスンタおばさんの女友だちのスカーフ、ぶ厚いめがね、杖と比べたら！　ところが、私は〝ヴィラ・パーチェ〟とは違って、テレビ局をまったく陽気な気分で出たのである。なぜか？　私の無意識が命じたからだ。私たちの頭脳の中にある、馬鹿げたとは言わぬまでも、むしろ単純なこの無意識が。彼、この私の無意識にとっては、アスンタおばさんは死を代表していたのに対して、ボンコンパーニの少女たちは生を代表していたのだ。美は、時間を測定するためのメーターと解してもよいのかも知れない。

私はときどきナポリのカラッチョロ通りの壁の上に座して、通行人を眺めることがある。若くて美しい少女に目がとまる。彼女は若者と手をつないでいる。二人とも微笑している。彼らの手を眺めてみると、指を組んでいる。幸せそうであり、おめでたい限りだ。それから、私はママと一緒のベービーが目にとまる。この子はだいたい二歳ぐらいであり、この世でもっともきれいではないかと思われるほどだ。ヴェズヴィオ火山よりもきれいだ。彼も私みたいにいつかディスコでヘルニアにかかるかも知れないが、今は幸せそのものだ。小犬の後を追いかけている。小犬も幸せだ。今度は老紳士が通りかかる。ほぼ九十歳ぐらいだろう。横を歩く婦人の腕にもたれている。ひょっとして彼女の父親かも知れない。いや、年の差からして、むしろ彼女の祖父なのかも知れない。彼とても、かつては若くて美しかったであろう。学校を終えるや、初恋を守ったのであろう。彼女に「君が好きだ」、と真っ赤になりながら告白したことであろう。それから時間が経ち、このエピソードは思い出だけになってしまったのだ。

私はタクシーが通るのを眺めてみる。タクシーも年老いてしまったようだ。五十年前には緑色だったし、二十年前は黄色だったのが、今では白色だ。私の髪の毛と同じく。

しかしながら、美しいだけでは私たちを幸せにするのに十分でない。もろもろの感情が美を条件づけるのである。唯一の相違は、美は見えるが、感情は見えないという点にある。ロレンツォ・イル・マニフィコはこの点に関してこう書いている、

Se a ciascun l'interno affanno
si leggesse in fronte scritto,
molti che invidia già ci fanno
ci farebbero pietà.

もし各人の内なる悩みが
額に書かれているのを読めたなら、
われらに羨ましく思う多くの人が
われらに哀れみを催させるであろう。

私の敬愛するレナート・カッチョッポリ先生は、算術平均の平均値を私に分かりやすく説明するために、こう言われた、「人生の歓びはほぼ常に私たちが若いときにやってくる。逆に、苦しみは老いたときに訪れる。君が人生の平均的なクオーリティを改善したければ、すぐ自殺したまえ」。そして実際、先生は五十五歳で自殺してしまったのである。

ピエトロ・ポンポナッツィ（1462－1525）

第8章　ピエトロ・ポンポナッツィ

ピエトロ・ポンポナッツィ（ペレットとしても知られる）は一四六二年、マントヴァに生まれ、生涯、自宅からあまり離れることがなかった。パドヴァ大学で哲学を教え、また、言い伝えでは、道端でも教えたらしい。彼を呼び止めて、何か質問するだけでよかったのであり、彼は即座にアリストテレスを第一証人として引き合いに出しながら、熱弁をふるい始めるのだった。

当時、イタリアの大学では、争論者（concurrens）、つまり、授業の途中に、教師（magister）の提起したテーゼに反論する学生が存在した。ところで或る日のこと、争論者と猛烈な口論をやった後で、ポンポナッツィはパドヴァを捨てて、フェラーラへ移る決心をした。当地では、インテリたちにはしばしばありがちなことだが、君主カルピの家に身を寄せ、ボローニャ大学教授のポストが提供されるまで、居候したのだった。彼は邪魔をしでかす争論者を入らせない、との条件で、この申し出を承諾した。

宗教上の観点では、彼は神は世界を、これを最後に創造し、その後は、すっかり世界に関心を失ってしまった、と確信していた。たぶん、神に時間が不足したからかも知れない。だから、ポンポナッツィに言わせれば、人間は生涯にふりかかるであろう一切のことに対しての唯一の責任者なのである。

人が悪い行いをすれば、結局損をすることになろう。こういう考えのもとに、彼は若干のエッセイを、正確に言うと、『自由意志について』、『運命について』、『魔術について』等を書いた。

だが、彼の最重要な著書は『霊魂の不滅について』であって、ここでは彼はためらうことなく、霊魂は万人が考えていることとは反対に、肉体とともに死に、それから、空中に分散する、と言明したのだった。そしてこのためにすぐ、この本は禁書にされてしまうのである。

ポンポナッツィが言うには、出来事を説明する規準は二つあって、第一は信仰、第二は理性である。仮に信仰に基づくならば、私たちは奇跡を信じることができるか、逆に理性にすがれば、そうはいかない。せいぜい、ある事件を星の影響に負わせることができるぐらいだ。彼は言っている、宗教でさえ、天球のおかげで生まれたり死んだりする、と。したがって、彼は聖者たちを信じなかったが、星占いは信じていたのである。

ソクラテス同様、彼は人生において徳の真のプレミアムは、徳そのものであること、そして、愚か者だけが善よりも悪事を好むかも知れないことを確信していた。他方、彼は立派な哲学者であったから、霊魂が存在するのか、存在しないのか？　そして、もし霊魂が存在するのなら、滅ぶ運命にあるのか、不滅なのか？　それはフルタイムの永遠の霊魂なのか、それともパートタイムのままあの霊魂なのか？　という質問を回避することができなかった。

アリストテレスによれば、三種の霊魂が存在した。合理的な霊魂（人間のそれ）、感覚的な霊魂（動物のそれ）、植物的な霊魂（植物のそれ）である。ただ、スポンジの霊魂に関しては、彼はいくらか疑念を抱いていたのであり、私としても、告白するが、スポンジがはたして植物なのか、動物なのか、決して分からなかったのである。

とはいえ、ポンポナッツィの霊魂はアリストテレスのそれとは無関係だったのだ。それは物質的なものと非物質的なものとの中途にあるものだった。あえていうと、二つの異なる性質どうしの境界にあったのだ。彼はそれを物質的なものに比較すれば非物質的だし、非物質的なものに比較すれば物質的だ、と想像していたのである。

こういうすべてのことが、教会に対してひどく邪魔になったことは明らかだ。教会は霊魂の不滅を宗教の基本前提と見なしていたからだ。霊魂が肉体より長生きはしないという主張は、ダンテ・アリギエーリが詩で歌った、賞罰のメカニズム全体を否定するのに等しかった。

ポンポナッツィはアリストテレスをキリスト教と両立させようとあらゆる努力をしたのだが、どれほど努力しようとも、決して両者を両立させることができなかった。彼は霊魂は芳香を放つ（odorat）――つまり、不滅性の香りを発する――とまで言うに至ったのだが、だからとて、これで処罰を免れることはなかった。彼の著書はヴェネツィアの広場で、賛美歌を歌う修道士たちや、つばを吐きかける下層民の群れに囲まれて、焼かれたのである。

ピエトロ・ポンポナッツィについて

霊魂について話そう。それは存在するのか、存在しないのか？　存在するとしたら、滅ぶ運命にあるのか、それとも不滅なのか？　ところで、信じようが信じまいが、これはプラトン以来、過去のすべての思想家たちが自ら課してきた質問なのだ。私たちもこれに基づき考えることにし、私たちがどこに行きつくのかを見てみよう。

第一の問題として、霊魂が身体のどの部分にあるのかを自問してみよう。もちろん、心臓の中にではない。心臓は間の抜けた、ポンプにしか過ぎないのだから。遅かれ早かれ（遅いことを望みたいが）うじ虫に食われる運命にある脳髄の中にでもない。私たちを取り巻く大気の中にでもない。大気も哀れなことに、指折り数えて待つだけしかもたない。死ぬことは私たちの知るところだ。私たちを構成している諸原子が或る日解体してしまうことも。したがって、私たち自身の無形のコピーが、何か別の宇宙の中に移動すると望むほかはない。でも、どんな宇宙にか？

霊魂は永遠に存在しており、太古の人の体内に入り込んだのであり、世代から世代へと移ってゆくと言う人もいる。では、初めはいつ入ったのか？　私が器用な人間（homo abilis）になった二〇〇万年前なのか、それとも、私が直立人間（homo erectus）として立ち上がり、デビューした一五〇万年前なのか？　それとも、みんなが私をネアンデルタール人と呼んでいる昨日（一〇万年前）のことに過ぎないのか？　だがそうなると、動物たちも霊魂を有するのか？　たとえば、ゴキブリはとても……たぶん犬にもないと思われる。

残っている最後のチャンスはあの世（彼岸）だ。でも、これは何のことか？　彼岸があるとしても、此岸とは別のものだ。私たちの住んでいる世界は四次元――空間の三次元と時間の一次元――から成っている。逆にあの世は、もっと多くの――十とか二十――の次元をもっているのかも知れないし、また同じ瞬間に時間をもたないのかも知れない。だから、〝後で〟どこへ行くのかとか、〝前に〟どこにいたのか、と自問しても無意味なのだ。なぜなら、〝後〟も〝前〟も時間に関係のある概念なのだから。

ただ一つのことは確かであり、今日まで、私たちはあの世の人びとと接触することは決してできていない。もっとも、霊媒とか、魔術師とか、この世のあらゆる詐欺師たちはそんなことができると言ったりしているが。携帯電話ででも私たちにはそんなことができないでいるし、これはすごいことだ。もちろん、地域番号もないのである。

ロッテルダムのエラスムス（1466－1536）

第9章　ロッテルダムのエラスムス

　エラスムスは一四六六年にロッテルダムに生まれた。未亡人マルグリットとロトヘル・ゲルツなる還俗《げんぞく》司祭との偶然の出会いからできた息子（このことは幼時から、彼にひどい劣等感を与えた）の彼は、十五歳のとき、やはり聖職者だったおじたちによって修道院に入れられたのであり、彼らは手初めに、彼から遺産を巻き上げたのだった。このせいだったのかどうかは分からないが、これ以後、彼は彼の前に現われるすべての司祭を毛嫌いした。彼が神を信じないというのでは絶対なかったのだが、とにかく、彼の信仰はイエスの言った言葉だけに立ち返っていたのであり、それ以上にはいかなかったのである。

　修道院では、彼は独房仲間セルヴァッツィウスと深い友情を結んだ。これを友情と規定するのは少々簡略化のきらいがあるかも知れない。というのも、後に誰かが彼の名を口にしたとき、すぐさま泣きだしたからである。二人の間には同性愛関係があったわけではなく、むしろ、エラスムスは売春婦たちとだけつき合っていたらしい。とはいえ、当時、男どうしの友情はとても頻繁に見られたのである。ホイジンハの語るところによると、十六世紀には男友だちの多くのカップルが、食事、ベッド、部屋を共にしており、同じ色の服さえ着ていたとのことである。

時の経過につれて、修道院の壁が彼には狭くなりだし、それで彼は気狂いのように旅行をやりだした。ナポリでは、じっとしておれない人のことを“Ca tene arteteca”〔痛風病み〕という。そう、*arteteca* はエラスムスの生き方だったのだ。彼は同じ場所に一週間とは滞在しなかった。ロッテルダムからパリへ、パリからロンドンへ赴き、ロンドンからローマへと出発し、翌月にはまたロンドンに戻るのだった。

遍歴したせいで、彼は多くの人物、わけても、英国の貴族トーマス・モーアと識り合い、彼とは生涯友人を続けた。モーアもエラスムスと多くの共通点を持っていた。二人とも修道士だったし、二人とも教会当局の管理する宗教に敵対していた。

ルターとの口論は有名だ。エラスムスは人間の責任を信じていたのに対して、ルターは救霊予定説を信じていた。二人は二つのエッセイを著し、そこでは互いにひどい悪口を言い合った。エラスムスのテクストは『自由意志論』(一五二四年)と題されており、ルターのそれは『奴隷の意志について』と題されていた。

けれども、私たちに興味のある唯一の本は『愚神礼讃』(一五一一年)である。十二カ国語で刊行され、四〇版を数えた。エラスムスは本書を友トーマス・モーアに捧げている――ギリシャ語 *μῶρος* は「痴愚」を意味する、という口実を設けて。彼がこのアイデアを思いついたのは、馬に乗ってアルプスを越えていたときのことだった。馬に乗っていて、考えることしかできなかったのだが、彼は馬から降りて書き始めたのだった。ロンドンで書き終えた。その本の主人公は愚神である。

冒頭のページから美女が読者の前に現われて、生涯において生きるに値いするすべてのことは、私の仕業だったのです、と述べる。それから自分のメリットを一つずつ列挙しにかかる。

私たちはなぜ生まれたのか？　私たちの両親がしかるべき時に、たがいに愛し合ったからである。ところで、愛とは狂気の一形態のようなものではないのか？　音楽は好きか？　でもそれはもしかして狂人が或る日、目を閉じて作曲したものではないのか？　美術館を訪ねて、フィディアスの彫刻とか、ミケランジェロの絵をうっとりと眺めてみよう。ところで、絵画や彫刻は二つともその現前を表わしたものに過ぎないではないか？　また、同じことは、生に言わば味をつけるすべてのものにも起きる。たとえば、饗宴、セックス、名声、若さ、虚栄、サーカス、迷信、ばくち、宗教にさえも。「知恵が痴愚に対する関係は、理性が情熱に対する関係にひとしい(12)」、とエラスムスは言っていた。このことはちょっと考えれば、納得できるであろう。

『愚神礼讃』一一節で、エラスムスはだいたいこんなことを述べている。

頭とか、顔とか、胸とか、手とか、耳とかはみな身体のすごく大事な部分ですが、しかしこれらのどれも、男なり女なりを生むことができません。おかしな姿の陰茎だけがそれをすることができるのです。そしてこともあろうに、笑わずにその名を言えるもんじゃありません。〔……〕他方、いくらか狂っていなければ、どんな男が結婚という馬勒に首を突込みたいなどと思うでしょう？　妊娠の不便や分娩の苦痛と危険、養育の煩わしい骨折りなどを真剣に考えてみたら、どんな女が男の求愛に従おうなどと思うでしょう？　だから、人生は考えないときにだけ素晴

らしいのです。ピュタゴラスの四元数《クワテルニオ》などはそこ除けなのです。(13)

プラトンも同意見で、ソクラテスにこう言わせている。

神々から与えられる狂気がつくり出す、かがやかしい功績としては、このように……この恋という狂気こそは、まさにこよなき幸いのために神々から授けられるということだ。(14)

他方、まさに最近発見されたところによると、恋であれ狂気であれ、オキシトシンという同じホルモンによって生じさせられるのである。このホルモンが脳下垂体によって過剰に産みだされると、子宮を刺激し、脳の機能をかき乱すのだ。してみると、問題は、狂気が恋に先行するか、それともその逆かということである。エラスムスにとっては、それは狂気（痴愚）だったのだが、逆に、ナポリのコメディアン、ニーノ・タラントにとっては反対のことが起きたのだった。つまり、初めに恋に陥り、その後はだんだんと気が狂ってくるのだ。一九四〇年代の有名なカンツォーネには、こうある。

La faccia del pazzo l'ho fatta per te.
Il viso del folle lo tengo per te,
Ho venduto trecento carrozze,
Quattro penne di struzzo e un arazzo,

君のために俺は馬鹿の顔をした。
君のために俺は気狂いの顔をする、
三百の馬車を売ったし、
ダチョウの四枚羽根とつづれ織りも売ったんだ、

La faccia del pazzo l'ho fatta per te.　　君のため俺は馬鹿の顔をしたんだ。

やはり狂気に関して、一つの面白い話で終わりとしよう。エラスムスの数多い賛美者のうちには、シルヴィオ・ベルルスコーニもいる。実際、イタリア語版 *Elogio* には、彼のはしがきが付いており、そこではこのイタリアの現総理大臣は、理性よりも心に耳を傾けたときに初めて、良い結果を得たと告白しているのである。

『愚神礼讃』や『自由意志論』（これにはルターが『奴隷の意志について』をもって論戦を挑むことになる）のほかに、エラスムスは『格言集』（一五〇八年）と、『キリスト教君主教育』（一五一六年）と題する警句集を著した。この本では、高い任務に耐える君主を任命するのが第一だ、と勧告している。

航海の間、舵を誰に委ねるのか？
船かじを取れる者にか、それとも美しさでも高貴な生まれでもぬきんでている者にか？

その他に何百という勧告が続いているが、いずれも多かれ少なかれこのようなものと予想されるものばかりだ。

最後に忘れてならないのは、エラスムスが結婚と離婚について述べている二冊の書物である。『キリスト教徒の結婚制度』では、いかなる関係においても対話が美よりもはるかに大切だ、と主張しており、また、『対話集』では、個別のケースを分析している。

ガブリエル　性病持ちと結婚した少女は、離婚の権利があるか否か？

ペトロニウス　その権利はない。結婚は神聖であり、いかなる理由でも解消され得ないからだ。

ガブリエル　夫が病気持ちだと彼女に言わなかった場合でも？　詐欺に基づく結婚が神聖なのだろうか？

読者諸賢は、結婚されるなり離婚されるなりする前に、エラスムスを読み、そして、結婚か離婚か、どちらがより狂っているかを自問してみられよ。

ロッテルダムのエラスムスについて

自由意志とはいったい何なのか、理解することを試みてみよう。

仮にメッシーナ海峡の上に最短の橋を渡すための入札を私に任せてもらいたいと欲しているものとしよう。私に資本があり、プランも用意しており、私を支持してくれる政治家も大勢いる。ただし、公共事業省の総局長エスポジト博士という悪者だけが反対している。彼は私をまったく信用していないし、彼がいる限り、その入札は私には夢に終わるだろうと言ったとする。

私が彼に考えを変えさせる三つの方法がある。私のプランを彼に見せてもっと説得するか、どっさり金をはずんで彼を買収するか、マフィアをつかって彼を殺させるか。この時点で、私の自由意志が介入するのであり、選択次第で、私は天国か、煉獄か、地獄に行くことになろう。

自由意志を信じている人に対しての主たる異議は、神が全能で、とりわけ、みんなが言うように、全知だとしたら、神は私がどんな選択をするかをすでに承知していることになる、という点だ。そうだとしたら、私が説得か、買収か、人殺しかを決定しても何の意味があろう？　私ができるのは、すでに神が定めていることに服従することでしかないし、私は神の僕《しもべ》にすぎない。

さてここで、ルターの『奴隷の意志について』が登場してくる。

逆に、人間にもっとも気に入る道を選択するよういかに彼を説得するかを考えてみよう。これは容易だ。ソクラテスの勧告を受け入れるだけでよい。この偉大なアテナイ人は言った、「善をするのがいつも最良の選択だ。だがそれは至福《エリュリシオン》の地を得るためではなくて、隣人に良い振舞いをすることにより、よりよく生きるためなのだ」、と。

実際に、カモッラ団*の団員の生活を検討してみよう。想像しうる限り最悪の生活を。ほぼ常に、逮捕されないよう隠れて生活し、遅かれ早かれ刑務所入りとなり、仕返しの復讐に遭ったり、張り合うやくざ仲間によって消されるのだ。その平均寿命はごく短い。実際、ちゃんとした人びとの寿命が八十二歳なのに対して、罪人たちのそれは六十一歳のようだ。

けれども、私が神さまにちょっと助けを求めることができるとしたら、私たちが映画で聴いているような、バックグランド・ミュージックを生活においても聴けたらよいのに、と思う。換言すると、道を横切る少し前に、ドラマチックな音楽を聴いたならば、車が私にぶつかろうとすることをやや早目に知るだろうし、または、最悪な場合には、美しい女性と出会っても、たいそうロマンチックなセレナータを私に奏でてくれるのを聴き入るとしたら、私は恋に陥りかねない危険に気づくだろうし、逃げる暇は十分にあるであろうに。

＊　一九世紀のブルボン家支配下のナポリに発生した犯罪秘密結社。（訳注）

トーマス・モーア（1480－1535）

第10章　トーマス・モーア

トーマス・モーア（一四八〇－一五三五）は、哲学史上、おそらく最初の貴族だったであろう。ロンドン生まれの彼は、師匠のエラスムスと同じく、教会と折り合いがうまくいかなかった。聖書に関係するか、教会位階制と関係するかに応じて、信者だったり、異端者だったりしたからだ。あいにく、政治家たちともうまくいかなかったのであり、ここで国王ヘンリー八世の感情的移り変わりについて、ちょっと話をしなくてはならない。

ヘンリー八世は幼少の頃、アラゴンのキャサリンなる者を妃として与えられた。悪口を言うと、彼女は醜くて、しかも信心に凝り固まっていた。ヘンリー八世はできる限り彼女に耐えたのだが、その後、ある夫人とその娘メアリおよびアンと識り合い、彼女らに魅せられてしまう。まず、母親、次に姉、さらに妹――若くてセクシーなアン・ブリン――をベッドに入れた。だが、これに成功しただけでは満足しないで、ヘンリー八世はアンと結婚したかったのであり、ここにやっかいなことが持ち上がったのだ。実際、彼女と結婚するためには、離婚が必要だったが、当時、離婚を彼に許すことができたのは法王だけだった。そのことが伝えられると、ヘンリー八世は「ノー・プロブレム」と言って、翌日、英国王のまま、英国国教会の王をも自ら宣言した。トーマス・モーアは王国の大法官として、失礼をも顧みず王を批判したため、一カ月のうちに、投獄され、それから一五三五年に、処刑されたのだった。代償として、十九世紀後半に、法王ピウス九世は彼を聖人に指名した。彼の霊の安らからんことを。

こういう残忍な出来事を別にすれば、トーマス・モーアの名は『ユートピア』なる小説と結びついている。この本はオランダのエラスムスの家で書かれたのだが、その中では、ポルトガルの船員ラファエル・ヒスロディなる者が、アメリゴ・ヴェスプッチに従った数々の旅行の一つで、ついにユートピアという離れ島に上陸した話が語られている。

注意。ユートピア（Utopia）はギリシャ語で *οὔτοπος*「非場所」を、つまり「存在しない島」を意味するし、この点に関して、私が想起するのは、プラトンも『国家』の中で、理想的な都市の話をしながら、そんなものはどこにも存在しない、と明言せざるを得なかったということである。

さて、ラファエル・ヒスロディがこの遠い島に上陸して、五年間そこに留まり、そしてこんな国にいると、お墓も持てなくなる危険があると言う者に対して、彼は答えるのだった、「かまいはしないさ！　どこから出発したって、天への道は同じだよ！」

ユートピアの長さは二〇〇マイルで、優に五四の都市があり、これらはみな同じくて、同数の人口を擁していた。各都市は一メートルの誤差もなくぴたり二四マイルの間隔で互いに離れていた。一つの都市を知れば、全都市を知ったも同然だった。西暦紀元前二四四年にこのユートピアはユートパスという、エジプト人かローマ人かギリシャ人かも分からない、由緒《ゆいしょ》不明の航海者によって創建されたのだった。首都はギリシャ語で *ἀμαυρός*「ぼんやりした」を意味するアモローテと呼ばれており、アナイダ河もやはりギリシャ語で *ἄνυδρος*「水のない」を意味していた。ユートピアの人びとの基本特徴は、私有財産の欠如だった。どの家にも鍵を掛けられるドアがなかったし、一〇年ごとに家はくじ引きで新たに住民に割り当てられた。こうしたのも、家主が自分の家にあまり愛着を持たないようにとの配慮からだったらしい。どの建物も三階から成り、背後には約三〇メートル四方の庭がついていた。みんなが日に六時間だけ（午前三時間、夕方三時間）農民または職人として働いていた。住民はみな同じ服を着ており、夏は白リネン、冬は羊毛のものだった。認められた唯一の遊びはチェスだけだった。宝石、真珠、金、銀といった贅沢品は無価値だった。おまるは赤ん坊に幼い頃から貴金属を軽蔑するよう慣らすために、金製だった。三〇家族ごとにシフォグラントという一人の役人が選出されており、総数二〇〇人のシフォグラントたちが一人の君主を選出することになっていた。みんなの決議により、秘密選挙にかけられた。ただし、君主が決まったその日に、即座に投票にかけることはしなかった。用紙を受け取り、翌日提出するのだった。無記入のままにしておいたのも、選挙民に投票すべき問題について熟考する時間をもっと与えるためだった。

　ユートピアの住民が戦争について考えていたことは奇抜だ。彼らにとって、勝利することは恥だったから、宣戦布告する前に、妥協すべく全力を尽くすのだった。敵の君主を殺した者に支払う用意のある賞金を記した宣言書を、敵に送り届けることさえあった。彼らの考えでは、長期の困難な戦争をするよりも、お金を投入するほうがましだったのだ。たとえその賞金がどんなに高額でも、戦争のコストよりは必ず安いと決まっていたからだ。宣戦布告するための妥当な理由は三つだけだった——

（1）固有領土を防衛すること、（2）友好民の領土を解放すること、（3）凶暴な暴君を追い払うこと。ただし、こういうことはすべて、ほかのもろもろの手段でもって何とかして敵を説得しようと試みた後のことと決まっていたのである。

ある毒舌家がトーマス・モーアは『ユートピア』を書く際にプラトンの『国家』をコピーしたとのうわさを流したのだが、注意して読むと、これが嘘だということにすぐ気づく。『国家』はナチズムの先取りみたいだが、逆に『ユートピア』は悪く言えば、共産主義の先駆けにほかならない。要するに、ユートピアで行われているのは、平等のほうを幸福よりも重要な善と見なす、人生選択なのだ。都市も、衣服も、家も、収入も、労働時間も、職業も、すべて平等なのだ。ユートピアで生活することは、死ぬほど退屈だったに違いない。

ありがたいことに、イタリアではみんなが違っている。金持ちや貧乏人、善人や悪人、馬鹿や賢人、太っちょや痩せぎす、といろいろだ。私たち全員を平等にしている唯一のもの、それは携帯電話である。

トーマス・モーアについて

理想の島を記述しなければならないとしたら、私はそれをどのように想像したものか？　まず第一に望ましいことは、車が存在しないことだ。だから、道はうんと細くして、どんなに小さい乗り物も走られないようにしたい。これだけではない。自転車も避けるために、私は道をみな凸凹にしたい。もちろん、ミニバイクは厳禁であり、その騒音だけでも私はうんざりするのだ。そのほかには、あまり広くない広場がど真ん中に一つだけあって、そこで住民が出会って、バルに座り、たぶんコーヒーでも飲みながら、何やかやとお喋りできたらよい。さらに、三方向の、つまり、一つは岩の上の眺望用の南向き、一つはツーリストが降りて砂浜を汚すことのできないように海面よりはるかに高くに置かれた西向き、最後に、日の出を眺められる東向きの、展望テラスがそれぞれあったらよい。ともかく、この島はボートでぐるりと一周することもできるだろう。しかも、その島には紺色の謎めいた洞窟があり、入口がたいそう低くなっていて、訪問者は入るのに頭を低くせざるを得ない。何とまあ、こりゃカープリ島じゃないか！

ニコロ・マキャヴェリ（1469－1527）

第11章　ニコロ・マキャヴェリ

サバティーニ・コレッティの辞典を読むと、〝マキャヴェリ的〟(machiavellico)とは「うそつきの」という意味らしいが、私は全然同意しかねる。仮に一度も嘘をつかなかった人がいたとしたら、それはニコロ・マキャヴェリなのだ。私の知る限り、彼は考えたことをすべていつも書いたのであり、彼は際限なく正義の人だったのである。本当に批評家でありたければ、彼を皮肉屋と規定するかも知れない。代表作『君主論』の中で、彼は国家元首がどうにかこうにか維持していけるように、実際的な勧告を与えようと試みている。注意してもらいたいのだが、私は「どうにかこうにか」と言ったのであって、「もっともうまく」と言いはしなかった。なにしろ、これは君主の仕事が厄介な代物だということを強調するためだったのである。マキャヴェリも主張している、「だまそうと思う者にとって、だまされるような人間はざらに見つかるのだから、みごとな猫かぶりになることが不可欠なのである[15]」、と。

ニコロ・マキャヴェリは一四六九年、フィレンツェに生まれ、一五二七年、心筋梗塞で亡くなった。一四九八年、サヴォナローラが火あぶりの刑に処された数日後、まだ三十歳にも満たぬときに、彼は当時フィレンツェの若者たちが切望していた、十人委員会の書記長に任命された。この時期にはフィレンツェにはまだ共和国があったのだが、やがて、メディチ家が戻ってくると、哀れマキャヴェリには困ったことが始まるのだ。一五一二年、この支配的一家の敵のポケットの中から、二〇名ばかりの陰謀者たちの名前のリストが見つかり、あいにく、その中にはニコロの名も載っていたのである。陰謀への加担の真偽のほどはともかく、彼は逮捕されて、一年の流刑と金貨一〇〇〇フィオリーニの罰金を科せられたのだった。しかも、これでは不足ででもあるかのように、両手で吊るされて、拷問にかけられたのである。

こうした恐ろしい体験を終えるや、彼はサン・カシーノのヴァル・ディ・ペーザに引き込もって普通の生活を送り、ここではトスカーナの田舎の絶対的な静けさの中でほかにやるべきこともないため、『君主論』のほかに、もっと優れた著作の数々、『ティトゥス・リーウィウス初十巻論考』、『フィレンツェ史』、『黄金のろば』、『マンドラゴラ』、『カストルッチョ・カストラカーニ伝』、『大悪魔ベルフェゴール』、『戦術論』、それに喜劇『クリーツィア』を著した。また、若干の小歌、わけても「人生はなぜ短いのか」をも作った。

彼は「歴史家、喜劇作者、悲劇作者」と規定されるのが常だが、実際には、詩人として記憶されることを欲していたらしい。ルドヴィーコ・アレマンニ宛の手紙の中で彼はこう記している。

私はアリオストの『狂乱のオルランド』を読みましたが、この詩作品は全体が素晴らしく、多くの個所で称賛に値します。もし彼が見つかったなら、私のことを彼に推薦して下さい、そして彼が数多くの詩人の名を挙げたのに、私のことを何でもないように等閑に付したことだけを私が悔やんでいることをお伝え下さい(16)。

マキャヴェリの詩および戯曲のインスピレーションを強調するためには、なかんずく、一〇〇〇行を超える詩作品『黄金のろば』と、美しい妻が夫から子種を授かることができないため、一つの戦術をつかって夫を裏切るよう説得される喜劇『マンドラゴラ』が挙げられる。ここではこの妻にこう言われている、「あなたは手初めに、私たちが紹介する不思議な煎じ薬（マンドラゴラ）を旦那に飲ませ、その後で旦那とセックスしなさい。そうしてから旦那が亡くなるだろうし、あなたは切望している息子を授かるだろう」。

やれやれ。彼女をベッドに行かせるためだけのこういう演出は私にはいくぶんやり過ぎに思える。ただし、実際には、悪口に耳を傾けるならば、マキャヴェリは大の女たらしだったらしい。彼はボッカッチョを引用して、「やってから後悔するほうが、やらないでやはり後悔するよりもましだ」と言うのが常だったのだ。彼にはたくさんの愛人、わけても、リッチャとか、マリスコッタとか、バルバラ・ラファカーニ・サルターティがいた。また、セックスに関しては、彼の詩作品『黄金のろば』から若干の詩行を挙げておこう。

…a lei mi ac ccostai　　……彼女に近づき
stendendo fra lenzuol la fredda mano.　　冷い手をシーツの中に伸ばした。

E come poi le sue membra toccai
un dolce sì soave al cor mi venne
quand'io credo non gustar giammai.
Non in un loco la man si ritenne,
ma, discorrendo tutte le membra sue,
la smarrita virtù tosto rinvenne.

そして彼女の四肢に触ったとき
これまで味わうとは思ってもみなかった
甘い気分が僕の心に湧きあがった。
僕の手は一個所に止まらないで、
彼女の身体中をまさぐっていると、
失せていた力がすぐに回復した。

要するに、彼の仕事が学究と作家だけに向けられていたと信ずるべきではないのだ。彼は暇つぶしをしたり、女たちと〝鳥を捕らえたり〟(uccellare)、男たちと〝ぼんやり過ごしたり〟(ingaglioffirsi)することが好きだったのである。この二つの動詞は彼の言い回しに属する。

引き続き、法王座付きフィレンツェ大使だったフランチェスコ・ヴェットーリ宛の手紙の中で、マキャヴェリ自身が物語っている或る一日を見るとしよう。

私は森を出て、ある噴水の所に行き、それから鳥の猟場に向かいました。私はダンテとか、ペトラルカとか、またはティブッルス、オウィディウス、等のようなマイナーな詩人たちの一人とか、の本を一冊携えております。彼らの熱情や恋愛を読むのです〔中略〕。それから、道を横切って、居酒屋の前に座り、通行人に話しかけて、彼らの故郷のニュースを尋ねるのです〔中略〕。そのうち昼食の時間がきます〔中略〕。食後に、居酒屋に戻ります。そこにはふだんは、主人、肉屋、粉屋、二人の窯たきがいます。彼らと、私は一日中クリッカとかトリケタクの遊びをしてぼんやり過ごすのです。

そして終わりにこう言っている。

夕方になると、家に戻り、書斎に入ります。戸口で、泥だらけのふだん着を脱ぎ〔中略〕、四時間あらゆるごたごたを忘れ、あらゆる心配も忘れ、貧乏を恐れず、死にも気落ちしないのです。

しかし、チェーザレ・ボルジアとの出会いがマキャヴェリにとって重要なものとなる。そしてここにおいて、イタリア・ルネサンスのもっとも代表的な家族の一つの生死と奇跡を要約しておく必要がある。

まず、曽祖父アロンソ・ボルハ、別名アリスト三世から始めよう。彼の法王在位期間は三年ばかりだったが、しかしこれでも、甥のロドリゴ——つまり、有名なアレクサンデル六世——を後継者として任命するのには十分だった。実際、あらゆる法王の間で競争して、もっとも放蕩的だった者を定めようとすれば、疑いの余地はないであろう。アレクサンデルが簡単に勝つだろうからだ。法王に選出されるや否や、彼は法王の権力を利用して、四人の子供たち、いずれも異なる女性に生ませた、ジョヴァンニ、チェーザレ、ルクレーツィア、ジョフレードを就職させたのである。それから、おあつらえのハーレムをつくったのであり、その中には娘のルクレーツィアもいたらしい。マキャヴェリは言っている、「この人物には大きな才能があると同時に、同じくらい大きなたちの悪さも宿っている。狂人の手に剣が握られているようなものだ」と。

ルクレーツィアはと言えば、やはり権力のせいで、三人の夫を次々に殺したのであり、二番目の夫は眠っているときにクッションで窒息させられたのだった。当時のどの女性にも負けないくらい美しくて魅力的だったから、彼女は想像しうる限りもっとも危険な存在だったのだ。彼女とベッドに入ることは、自殺したがることを意味した。そして彼女も、私たちには喜ばしいことに、三十九歳で墓に入ってしまった。

次に、若いチェーザレ——悪名高いヴァレンティーノ公——のことは語るまい。彼と不幸にも出会った人びとはみな、数年のうちにひどい最期を遂げたのである。私の記憶に浮かぶままにそらで引用すると、フォルリおよびイモラの王子たち、ヴィテロッツォ・ヴィテッリ、パンドルフォ・マラテスタ、アストッレ・マンフレーディ、オリヴェロット・ダ・フェルモ、パオロおよびフランチェスコ・オルシーニ、グイードバルド・ダ・モンテフェルトロ、その他(当座は思い出せない)大勢がいる。戦闘で殺された者、テーヴェレ川で溺死させられた者、自宅で殺された者、刺客に絞め殺された者、また、誕生日を祝っているときに毒殺された者もいる。誰も——誰もとあえて言っておく——老年に到達できた人はいなかったのである。

ところで、マキャヴェリはこういう人物についてどう考えたのか？　絶対に悪く思ったわけではない。彼の意見では、こういうやり方こそが、イタリアで一つの君主国を創始しうる唯一の方法だったのだ。彼ははっきりと述べている、「実際、ロマーニャは統一され、平穏な一つの国となって、今は

郵 便 は が き

1 0 1 - 0 0 6 4

東京都千代田区
猿楽町二—四—二
(小黒ビル)

而 立 書 房 行

通信欄

而立書房愛読者カード

書　　名　物語近代哲学史　　　310−9

御 住 所　　　郵便番号

御 芳 名《ふりがな》　　　（　　　歳）

御 職 業
(学校名)

お買上げ　　　(区)
書 店 名　　　市　　　書店

御 購 読
新聞雑誌

最近よかったと思われた書名

今後の出版御希望の本、著者、企画等

書籍購入に際して、あなたはどうされていますか

1. 書店にて　　　2. 直接出版社から

3. 書店に注文して　　　4. その他

書店に1ヶ月何回ぐらい行かれますか

（　　　月　　　回）

平和裡に暮らせている」と。彼は付言している、君主は忠実で、寛大で、宗教を尊重することはそれほど重要ではないが、臣下たちの目にはそのように見えなくてはならない、と。「目的は手段を正当化する」と言うようなものだ。もっとも、どうやら、この句はマキャヴェリは一度も口に出さなかったらしい。十八世紀の或るイエズス会士が軽蔑して、それを彼に帰しただけなのだ。確かなこと、それは、禁書目録が制定されたとき、彼の『君主論』が、ある枢機卿によると、「悪魔の指」で書かれた著書として、リストの筆頭に載せられたということである。

ニコロ・マキャヴェリについて

今日、イタリアの君主はシルヴィオ・ベルルスコーニであるといってよかろう。彼のことをどう言うべきか？　彼はこの教訓を徹底的には学んでいない、と言ってよい。彼はできるだけ早く、『君主論』を再読する必要がある。実際、この首相は——理由は神のみぞ知るだが——嘘をつけないのだ。ときどき考えていることをすべて言うし、そして、真の政治家は「大いなる猫かぶりをしてしらばくれ」るべし、ということを忘却している。

たとえば、彼がミケーレ・サントロとエンゾ・ビアージは嫌いだ、と忌憚なくブルガリアで述べた言明を取り上げてみよう。なんてことだ！　すべての新聞、すべての野党が彼を批判した。逆に、マキャヴェリの君主ならどのように振舞っただろうか？　彼らの悪口を決して言わずに、時間とともにゆっくり殺してしまい、しかも、しかるべき筋を説得して、テレビ番組には彼らのことを放映させないようにしたであろう。

別のケース。ある日、彼はもう我慢できなくなり、東洋人は西洋人より文明が劣ると断言した。ここでも囂《ごう》囂《ごう》たる抗議を招いた。世界の半分は謝罪を要求したのだ。ところで、彼の立場にある君主ならば、東洋人は西洋人よりも信仰が篤い、と言うに止めておいたであろう。同じ考え方を表明していながら、誰をも傷つけはしなかったであろう。

けれども、私は自分の人となりのせいか、この君主の要請をなかなか理解できないのだ。私は権力にはまったく関心がない。政治家たちがテレビで論争するのを見ても、彼らが理解できないのだ。また、国家元首たちが繰り返し戦争をおっ始めるのを見かけるが、私は彼らがはたして人生のはなはだ短いこと、もう少ししたら死ぬ運命にあることを知っているのか知ら、と自問したくなる。彼らを見ていると、モノポリーゲームをしている少年たちのような気がするのだ。

仮に私がベルルスコーニだったなら、ずっと前からテレビに出て、どの局でも決まって同じように、次のような話を国民に向かって述べたことだろう──「イタリアのみなさん、ときどき私は利害の衝突で非難を受けています。でも、それが何だと言うのです？　あなた方はごもっともです。衝突は存在するものですし、致し方ないのです。総理たる者、誰でもこれにはぶつかるでしょう。ですから、私は辞任することに決定しました。残りの生涯を平穏に過ごすだけのお金はもっております。これからは私は大事な人たちである、わが妻と私の子どもたちだけに身を捧げたいのです。ですから、みなさんをダレマ、ファシーノ、ルテッリといった、左翼の手に委ねます。どうかお幸せに」。

マキャヴェリは墓の中で反抗するかも知れないが。

フランチェスコ・グイッチャルディーニ（1483－1540）

第12章　フランチェスコ・グイッチャルディーニ

ずばりと言うが、グイッチャルディーニ（一四八三―一五四〇）はマキャヴェリ以上にマキャヴェリ的だった。実際、超実用主義者であって、いわゆる形而上学的な論題には何らの興味も持たなかった。優れた合理主義者であったから、運命よりも偶然のほうを信じていた。神とか、霊魂とか、その他手で触れないいかなることに関してのいかなる話にも、彼は全然興味を抱かなかった。彼に言わせると、そんな話はもっとも単純な人びとをだますのに役立つだけなのであり、しかも彼の言う〝単純な人びと〟とは〝馬鹿〟を意味していたのである。しかしながら、馬鹿は大多数を占めてもいるので、彼は彼らが用いている方法を研究しないわけにはいかなかった。

　グイッチャルディーニは書いている、

　三つのことがらを、私は死ぬ前に見たいと思っている。だが、どんなに私が長生きしたところで、私はその内の一つも見ることはないのではないかと思う。私が見たいものというのは、われらが都市フィレンツェに秩序ある共和国が樹立されること、イタリアがすべての侵略者《バルバリ》から解放されること、そして極悪非道な坊主どもの横行からこの世の中が救われることなのである。[17]

「だが、どんなに私が長生きしたところで、私はその内の一つも見ることはないのではないかと思う」という文言だけで、当時は投獄されてしまうのに十分だったし、これを押し進めるものだった。しかし、彼はこんなことを書き記すことにいかなる恐怖も抱かなかったのである。より正確には、彼が読者たちに警告したのは、右のような結果を得るためには、心よりも頭脳を用いること、とりわけ、どの人間も〝私利〟(particulare) のために行動するのだという点に気づくこと、が不可欠だという事実だったのだ。そして、これは彼の政治思想の要約でもあった。

八人兄弟の三男だったグイッチャルディーニは、むしろ厄介な青春時代を過ごした。家にはみんなのために十分なお金がなかったから、彼は少年の頃から、生き長らえるために何か仕事をしなくてはならなかった。彼はクラスではいつも一番であって、どこへ行っても最優等生だった。彼が級友たちから、〝アルキビアデス〟(Alcibiade) というあだ名をつけられたのも偶然ではないのだ。最初は弁護士をやり、その後は政治に身も心も捧げたのであり、ここでは、権力を回復したメディチ家と、絶対権力を行使した法王たちとの間で、みんなから尊敬を得たのだった。彼はクレメンス七世が始めた反帝国同盟を擁護した一人だった。

彼にも多数の愛人がいたのであり、話によると、その内にはマキャヴェリと組んだ一人の女性もいたらしい。マリスコッタと呼ばれており、彼女はけっこうお金儲けもしたのだった。

晩年の一〇年間(一五三〇-一五四〇)に、彼は『イタリア史』と『リコルディ』(*Ricordi politici e civili*) を著した。後者は私見では、市民的というよりも政治的色彩が濃い書物である。

グイッチャルディーニについて

私は彼とマキャヴェリとの出会いを想像してみた。だいたい、以下のような話をしたと思われる。

「いやあ、フランチェスコ」とマキャヴェリが話しかける、「君も知ってのとおり、僕たちにはマリスコッタという女性を共有している。君も承知のとおり、彼女が僕たちの所に会いにやってくるたびに、彼女にお金を払っている。ところで、僕たちのような、知的レヴェルの高い二人にとって、最低の本能を満たすために女性にお金を払うのはみっともないとは思わないかい？」

「いや、令名高き友よ、君の言っていることとは正反対だよ」、とグイッチャルディーニが応じて言う、「僕らが彼女に支払うことは、僕らの政治原理に合致しているのだ。」

「まさか！　どうしてかい？」

「ねえ、ニコロ。世の中で何にもまして僕たちが望んでいるものは何なのかい？　自由だろう。ところで、セックスとは一種の奴隷状態にほかならないではないのか？　僕たちは僅かな金子しかないが——君は本当に少額なことを認めるはずだ——、このマリスコッタに支払うと、彼女は一時間以内に、肉欲の鎖から僕らを解放してくれる。でも明らかにしておくと、僕らが彼女に支払うのは、彼女が僕らと寝るのを受け入れるからではなくて、彼女が終わったらすぐ立ち去るからなのだよ。そして、これは頭脳を休ませるためにほかならない。よいか、《レクレーションは騒動よりも必要なり》なのだからね。」

要するに、グイッチャルディーニにとっては、マリスコッタに与えたお金は、〝マルケッタ〟* ではなくて、〝清算〟(口止め) だったのだ。もし彼が今日生きていたなら、売春宿を再開するよう提唱することだろう。

＊ イタリアで一九五六年まで存在した売春宿で、売春婦が受け取っていた給金の合い札。売春の代名詞。(訳注)

マルティン・ルター（1483－1546）

第13章　マルティン・ルター

すべてのことは、ほぼ一世紀前に、ボヘミアの伝道者ヤン・フス（一三六九－一四一五）のせいで始まっていた。彼は同国の司祭たちがお金で贖宥《しょくゆう》状を買わせていると批判しにかかった。すると、枢機卿ピエール・デーイはコンスタンツの宗教会議で、まず彼を破門し、ついで焚刑に処した。彼は歌いながら処刑台に上がり、彼と一緒に、二〇〇冊の著作もろとも焼かれたのだった。彼の宗教運動はフス主義と呼ばれた。

当時、教会はお金をかせぐために、絶対に確実なシステムを発見していた。贖宥状を売り出していたのだ。罪に対して何がしかを支払えば、いかなるあくどい行為をやらかしても、許されたのである。セックスの罪に関しては、料金は格別に高かった。今日の税金免除に見られるのとほぼ同じである。つまり、前年に納税者がどれだけ脱税したかに応じて、八％、六％、四％と三つの税率が定められているのだ。十六世紀にはことは大罪にかかわっていたが、今日では未納の税金が問題なのだ。しかし、考えてみれば、ことは同一である。正当ではないだろうが、バランス・シートのためには有益だ。

中世とルネサンスとの真の違いは、司祭たちの果たした役割の違いにある。中世では、信者と神との義務的な仲介者だったのだが、逆にルネサンスでは、罪人に勧告するだけに限られており、後は罪人に好き勝手にやらせていた。フスは言っている、「煉獄は存在しないし、もし存在したとしても、もちろん、お金でそこを逃がれることはできないだろう」。

フスは亡くなったが、彼の教説は消えはしなかったのであり、数十年後、もう一人の修道士が彼の指示を受け継ぐことになる。その人物の名はマルティン・ルター（一四八三－一五四六）である。彼も抗議し始めたのだが、当時では異例にも、動詞《抗議する》（protestare）が活用されたのである。つまり、それは宗教運動の旗じるしとなり、教会を根底から揺り動かすことになるのだ。

ルターはドイツのアイスレーベンに生まれたアウグスティノ会修道士だった。僧服を着る決心をしたのは、雨降りの夕方、数歩離れた所に雷が落ちるのを見たときだったらしい。「これは神のメッセージだ」と彼は叫んだ、そして、雨が止むや否や、急いで修道士になったのである。彼の幼年期はあまり幸せではなかった。父母から代わる代わる鞭打たれたのである。もしそんなことをされなかったなら、ひょっとして、今日、新教（プロテスタンティズム）は存在していなかったかも知れない。

マルティン・ルターの性格はあまり気さくではなかった。ローマのことをこの上なく悪く考えていた。一度だけ、アウグスティノ会の仲間たちから派遣されることになったのだが、彼はこのことにうんざりしていた。彼の言うところによると、法王は「スルタンみたいに、裸の多数の少女たちによって食事を出されていた」し、法王庁は「サタンの一種の支部」であり、この都は「新しい一つのバビロン」だった。[18]彼は九五条提題を書き、一五一七年ヴィッテンベルク城の教会の門扉にこれを掲げた。

さて私はローマで三〇年間暮らしているが、交通の混雑や〝グローバル化反対〟(No global)の行列を除き、悪魔の出現を一度も見たためしがないと断言しておく。

レオ十世の返答はすぐに出された。六〇日以内に修道士マルティン・ルターが最初の語から最後の語まですべてを取り消さなければ、破門に付される、というのだ。しかし、ルターは屈しなかった。こうして、宗教運動であるほかに、政治革命でもある、プロテスタントの改革が始まったのである。ドイツの君主たちには、こんな弱々しい修道士を利用して、教会の強大な権力の荷を肩からおろしたり、とりわけ、ローマ法王庁にもう納税しなくなったりできるとはとても信じられなかった。ルター本人は、異端者と宣言されるのだが、ザクセン王フリードリヒの保護のおかげで危険を免れた。この王は何回も法王によってローマへ出頭を命じられたが、頑として赴こうとしなかった。

今日、五〇〇年を経てみると、彼の考えの多くは正鵠《せいこく》を射ていたように思われる。彼に同意しかねるのは、救霊予定説に関してである。ルターは言う、人類は、主から選ばれたがゆえに信仰をもつ者と、信仰をもたず、「悪魔の娼婦」とも規定される理性に満足しなくてはならない者との、二つの部類に分かたれる、と。したがって、天国の扉を私たちに開けてくれるのは、良い行いではなくて、信仰だけ、ということになる。信仰をもつ人はもっているが、信仰をもたぬ人はもっていない。神だけが、救われる羊の群れを選ぶことができる、というのだ。この論題に関しては、ルターは『奴隷の意志について』なる小冊を著しており、そこでは「良い仕事が良い人間をつくるのではなくて、良い人間が良い仕事をなすのだ」との原則を主張している。だから、当初から悪くつくられた者は、善人を装っても、馬巣織りの粗衣を着用しても、教会に通っても、無用なのであり、必ず地獄へ行くに違いないであろう。こうしてみると、ルターはヒューマニズムに比べて、一歩後退しているわけだ。中世にバックするようなものである。

彼は四十二歳のとき、ボーラのカトリーネという修道女と結婚し、六人の子供を授かった。彼が修道士だったことを顧みるに、これ以上に改革者になることはできなかったであろう。

マルティン・ルターについて

および信仰があるかないかということについて告白すると、私はもっていない。このことについては『疑うということ』（而立書房、一九九五年）と題する著書を書いた。この問題を注意深く検討してみよう。

私には、神の存在をひどく確信している人びとも、神の存在しないことを同じようにひどく確信している人びとも理解できない。信じる人も無神論者も、私見では、ともにうぬぼれ屋であり、こんな人たちと私を同一視することはとてもできないのである。その代わりに、私は積極的な懐疑を実行している。なぜ積極的か？動詞《信ずる》（credere）を動詞《希望する》（sperare）で取り替えたからだ。換言すると、私は神が存在することを希望しているし、存在しないことを恐れているのだ。死後〝何も〟存在しないという考え、死んでしまえば、それだけだ！という考えより怖いものはない。しかし、毎日疑いながらも、私はいつもはたして神は存在するのか、存在しないのかと自問しているし、そして、神の存在をこれを最後に信じ切っていて、もはやこの質問を提起しなくなっている人よりも、神の道連れに加わる結果と相成るのである。

私は信仰（Fede）——大文字のFつきのそれ——を有する人びとがうらやましい。彼らのほうが、疑っている私たちよりもましな生活を送るからだ。たとえば、私の母は生涯の最期の瞬間までも、いつも明かるい顔をしていた。母は毎朝、サンタ・ルチーア教区の教会へ行き、まるで幸福の妙薬を飲んだかのような顔をして帰ってくるのだった。

あいにく、信仰は思考を働かして獲得できるものではない。私は自分自身に向かって、「明日から信ずることにした！」とは言えない。タバコを止めることさえ難しいのに、疑うことを止めるなんて、とんでもない。

第14章　ウルリヒ・ツヴィングリ

ウルリヒ・ツヴィングリは一四八四年、スイスのヴィルトハウスに生まれた。十人の子供の中の三番目だった。ウィーン、ベルン、バーゼルで学んだ。司法官の父親は彼を何としても聖職者にしたかった。めきめき昇進した彼は、やがてチューリヒの大聖堂の説教者となった。初めの数年間は古典作家への深い賛美に捉われた。いろいろの作家を好んだが、順番に、プラトン、アリストテレス、エピクトテス、セネカに没頭した。これらを原語で読めるように、彼はギリシャ語とラテン語を独学した。「キケロの句とか、ピンダロスの詩節のほうが、福音書の節《せつ》よりも、ときとして価値がある」というのが彼の口ぐせだった。

若い頃には、ロッテルダムのエラスムスや、ピコ・デラ・ミランドラへの熱狂的な賛美者だった。スイスで彼を有名にした活動は、説教と政治だった。ともに説教者としては、彼はまるで胸に埋め込まれたマイクでも持っているかのように、素晴らしい声をしていたらしい。たいそう簡潔に話をし、教会のどこでも、最後の列でも、彼の声は聴き取れたのである。

しかしながら、エラスムスに対しては、彼は際限のない称賛から、絶対的な嫌悪へと移行したのだが、これはやはり、ルターと自由意志のせいだった。ツヴィングリによれば、人間は生まれながらに運命づけられており、救いは神から信仰を贈り物としてもらった場合にのみ、得られるという。逆に、エラスムスからすると、正反対のことが生じるのであって、どのように生きたか、また、隣人に対してどのように振る舞ったかが、決め手となるのである。

ツヴィングリもまた、贖宥状のきたない商売に、法王を激しくののした。彼はルターのような神秘主義者でも、カルヴァンのような厳格主義者でもなかったが、司祭たちが現金と引き換えに、罪を何でもないかのように取り消すのを見たとき、何でもないふりをするわけにはいかなかった。彼は或日、サムソンという司祭が教会の中に贖宥の値段表を張り出したことに対して、激しくののした。

一五一九年、スイスで恐ろしいペストが猖獗をきわめた。ツヴィングリはたいそう信仰深かったから、ヴォランティア活動に没頭した。昼夜を問わず、病人の看病に過ごした。「ペスト賛歌」なる詩さえ作り、そこでは、主に訴えてこう言っている、「おお、慈悲深き神よ、私の運命を決めて下さい。私には死ぬほうが好都合とお考えならば、どうか私を死なせて下さい。さもなくば私をお救い下さい」。神は彼を救ったのだった。

また、ユリウス二世が命じた数々の戦いの一つに従軍司祭として入隊し、周囲で死んでゆく兵士たちを見て、ショックを受けた。そこにいた一人に終油の秘蹟《ひせき》を施す間もなく、別の一人が絶望的に彼を呼ぶありさまだった。

彼は宗教的熱情のほかに、大いなる国家主義精神を仕込まれてもいた。彼は実際、チューリヒのために味方していたし、機会を摑えてはそのことを示そうとした。ところで、知っておくべきことは、当時のスイスが今日のように独立国ではなくて、いわゆる州と呼ばれるもろもろの小国の集合体だったという点だ。ルターはこれらを対立的な二つのグループに分けていた。片や法王に忠実な人びと、片や改革の提題を受け入れた人びとがいた。ツヴィングリは若干の相違はあれ、後者の側についていた。救霊予定説を確信していたけれども、彼は一連の儀式、たとえば、〔お茶断ち、ワイン断ちのような〕禁欲行為、断食、聖者に敬意を表する行列、といったようなものを迷信だと決めつけて、これらをすべて廃止した。また、聖職者の独身制に反対を言明し、これを事実で証明するために、彼は数多くの愛人を抱えたのだが、最後には真面目になり、隣家のアンネ・ラインハルトという名前の女性と結婚した。その後、州どうしで戦争が勃発したとき、チューリヒ軍に入隊し、一五三一年カッペルで戦死した。

ジャン・カルヴァン（1509－1564）

第15章　ジャン・カルヴァン

ジャン・カルヴァン（一五〇九―一五六四）はフランス人だった。本名はジャン・コヴァン。フランス中北部のコンピエーニュのノアヨンに生まれた。まだ六歳にも満たないときに母親のない孤児となり、寄宿神学校に入れられた。そこを出て聖職者となり、パリへ移り、そこで同大学学長で著名な教授ギヨーム・コプ――ルターを評価する大の賛美者――と識り合った。カルヴァンの肖像を一瞥すると、何となくビン・ラーディンに似ていることにすぐ気づく。だが、こんなことに私たちは影響されるには及ばない。女性に対しては多かれ少なかれ同じような考え方をしていたにせよ。

彼は臆病で、ガリ勉屋で、信心に凝り固まった若者だったと言われている。ほんの数年のうちに、コプの眼前で彼は完璧な生徒ぶりを発揮した。救霊予定説を擁護したのだが、彼のこの確信のせいで、若干面倒なことにもなった。つまり、二回逮捕され、二回とも特赦を受けたのである。

カルヴァンによれば、神がアダムとイヴの時代の原初から一切を予見していた。したがって、人間は自分の運命を変えるために絶対に何もすることができないできた、ということになる。ところで、フランス人、スイス人、イギリス人、スコットランド人といった、普通進歩していると想像されている人びとのところで救霊予定説のような考えがどうして根づき得たのか、信じ難いように見えるかも知れない。でも、ちょっと省察すれば、選良のグループに属することのほうが、お祈りや善行を重ねた挙げ句、同じ恵みを得ることよりも、はるかに満足感を与えるかも知れないことを理解できるであろう。実際、新教徒たちにとって、神の認識は自分自身の認識でもあるのだ。カルヴァン主義者は言っている、「私は選良の一人だから、絶対にそのように行動しなければならない」、と。

思うに、同種のことは、今日サッカーでも起きている。サポーターには、ラッツィオ・チームのファンか、ローマ・チームのファンを明らかにすることが喜びなのであり、しかもこれは、他の大勢の人びとと理想を共有することが彼の信念を強めるからなのだ。これだけではない。カルヴァン主義者のモラルに従えば、たとえ貧乏人を犠牲にしてでも金持ちになることは、エゴイズムの証明なのではなくて、神の慈悲のしるしなのである。

この時点で、私は自問しないではおれなくなる。資本主義をつくりだしたのはカルヴァンではないのか？　と。実際、ルター主義に比べて、彼は神に対していささかより楽観的だし、人間に対して少しばかりより悲観的なのである。

こういう信じ方が掟となるに至った都市はカルヴァンのいう〝神の都市〟ジュネーヴである。当初、この思想家はリベラルな、または彼の言葉を用いれば、〝放蕩な〟政治家たちから強い抵抗に遭った。その後、権力を掌握するや、彼を止どめることはもう誰もできなかった。二〇年間に、四八名の不信心者を処刑台に送って殺した。そのなかには、ミカエル・セルヴェトゥス（一五一一頃－一五五三）というはなはだ有能な医学者もいた。最後の瞬間まで、この哀れな医学者はルター主義者になるよう強要されたのだが、彼は救霊予定説を信じることを認めるよりも、火あぶりにされるほうを選んだのだった。

カルヴァン〝独裁〟下では、すべてのジュネーヴ人は少なくとも一日に一回、教会に通うことを強いられた。病人でさえそうしなければならなかった（もちろん、麻痺患者は除かれたが）。ばくち、酔っ払い、姦通（女性のそれのみ）は拘留刑に処された。カルヴァンは言っていたのだ、清くなれ、むしろ、清教徒《ピューリタン》になれ！と。みんなが彼の掟に服していることを確かめるために、〝尊敬すべき修道会〟なる一種の司法府を設けた。その後、十戒について『キリスト教綱要』（一五五九年完成）なる大著を著す。本書での原理は中世のそれよりもいくぶんか中世的だった。

しかしながら、一つの概念に関して——正確には罪に関して——は、彼の正当さを認めないわけにはいかないであろう。罪は罪なのだし、たんに告白しただけで消えるものではないし、後でまた犯しかねない……からだ。

ある年齢に達したとき、カルヴァンは結婚を決意した。彼は協力者の一人に言った、「彼女は美しくなくともよい。重要なことは、清純で節約家であり、私の健康をまもってくれるということだ」。彼が結婚したのは醜い未亡人だったが、その代わり、料理が上手だった。二人は健康があまりすぐれなかったから、比較的若くして、実際上、一緒に亡くなったのだった。

ジャン・カルヴァンについて

私はフランチェスカという、五〇年代の恋人のことを思い出さざるを得ない。ある夕方、私の車〝チンクエチェント〟に乗って、私たち若者が当時隠れてキスなんかをする場所にしていた、リメンブランツァ公園の頂上に向かった。私は車窓に（見られないよう）新聞紙を貼りつけてしまったとき、「前の晩どこにいたの？」と彼女に尋ねた。何度電話しても、彼女は居なかったからだ。すると彼女は大学の同僚ジョルジョとミッレ街を「ぶらり歩き」に出かけていたと告白した。ジョルジョは女たらしで通ってきたんだぞという私の異議に対して、彼女は答えるのだった、「私の場合、その言葉はあてはまらないわ。だってジョルジョはお金を一回も払わなかったんだから」。私が言い返した、「しっかりした少女は誰とでも散歩に行くもんじゃない」。すると彼女は反発して言うのだった、「じゃ、あんたとも外出すべきじゃなかったのね」。要するに、私たちは言い争いになったのである。それから、〝チンクエチェント〟を降りて、ドアをバタンと閉めたのだった。しかも立ち去る前に私にこう言ったのである、「分かったわよ。あんたはカルヴァン主義者なのね！」

私はぽかんと口もきけずにその場に止まりながら、いったい彼女の奴、何を言いたかったのだろう、と自問した。帰宅してから、手元のラマンナ*の哲学書を取り出してみて、カルヴァン主義者が〝清教徒《ピューリタン》〟をも意味することが分かったのである。

＊　エウスタキオ・パロオ・ラマンナ（一八八五－一九六七）哲学史家。メッシーナ大学、フィレンツェ大学の元教授。『哲学史』（四巻、一九六〇－六二）等の著書がある。（訳注）

ニコラウス・コペルニクス（1473－1543）

第16章　ニコラウス・コペルニクス

親愛なる読者諸賢へ

一時で、晴天で、あなたが何もすることがないのでしたら、テレビニュースを見るために家の中に引き込もる代わりに、ちょっとバルコニーに出て、太陽を眺めてみてください。しばらく、プトレマイオス・クラウディオスの立場になり、西暦紀元二世紀に生きており、あなたが太陽の周りを動いているのか、それとも太陽があなたの周りを動いているのかを決定しなくてはならないものと想像してください。

こういう質問ははっきり言って、容易なものではない。これが分かるためには、どこの駅であれ、電車に乗っていて、私たちの電車が動き出そうとしているのか、隣にいる電車が動き出そうとしているのかと自問するだけでよい。プトレマイオスは後者の解決策を選んだのであり、彼以前には、ヒッパルコスやアリストテレスは、世界は同心のもろもろの球から成り、その中心に地球があって、周囲にはぐるぐる回るいろいろの星がある、との仮説を立てていたのだった。ただし、この宇宙は途方もなく広大ではあるが、無限ではない、とされた。なにしろ、やはりアリストテレスの言うところでは、無限は場所ではなくて、一つの観念だからである。

どちらかと言うと、初めて疑念が生じたのは、もろもろの惑星の軌道が歳月の経過とともに、必ずしも同じではないと気づいたときである。そのとき、ある人は地球も動いているに違いない、と疑い始めたのだ。こうして、考えに考えた末、ニコラウス・コペルニクス（一四七三−一五四三）にたどりついたのである。

当時は、星占い師を勤めることも天文学者を勤めることも同じ職業だったのだが、ともかく両方とも、君主のために働いていた。彼らは毎朝、星占いをしていたし、しかもそれをできるだけ好都合であるようにやった。それが的中した日には、雇用主から多額の報酬をもらえるものと期待されたからだ。逆に、コペルニクスは星占い師ではなくて、真面目な人物であり、とりわけ数学者だった。技術者に近かった、と言っておこう。

ポーランドのヴィスワ川岸のトルンで生まれ、ニコライ・コペルニクと呼ばれていた。クラカウ、ローマ、パドヴァ、ボローニャ、フェラーラで研究した。彼は宇宙の中心にあるのは地球ではなくて太陽だ、との直観がひらめくや否や、『天球の回転について』（六巻、一五四三年）なる試論を書いた。けれども、これをあまり出回らせないによく気をつけたのだった。

当時、地球は太陽の周囲を回っている数多くの惑星の一つに過ぎないと主張するのは、危険になりかねなかった。それはイエスが太陽の周囲で生まれたと言うようなものだったのだ。だから、コペルニクスはこの原稿を家の中の壁に掘った秘密の隠し場にしまい込み、誰にも見せなかった。彼は言っていた、「私の振る舞いは、自然の秘密を知っていながら、部外者に打ち明けなかったピュタゴラスの弟子たちみたいだ」、と。ところがとうとう、ある日、彼の弟子で、ヴィッテンベルク大学教授だったヨアヒム・レティクスが、その論文を読ませてくれるよう説き伏せた。それから、一カ月後、レティクスはそれを印刷させた。一説では、コペルニクスは『天球の回転について』がゴシック体で印刷されたのを見るや否や、心筋梗塞を起こして亡くなったという。一五四三年のことだった。

コペルニクスの発見は、天文学をかき乱した以外に、哲学や神学をもひっくり返してしまった。多くの人びとはこんな反論を提起した、「でも地球が西から東へ回るとしたら、空中に投げた石は西のほうへ少しばかり逸れて落下するはずだ」。「でも地球が自転するのだとしたら、いつも反対方向に吹く風に気づくはずだ」。要するに、疑念がいろいろとあったのである。

しかし最大の反対は教会側から起こった。太陽中心説の擁護者であると自ら明らかにすることは、破門される危険があったのであり、その証拠に、コペルニクス自身、自衛のために論文に長文の前置きを付し、それを法王に献じていたのである。その中で、この科学者は本書を刊行したのは友人たちのしつこい要求の結果であること、そしてとにかく、本書が当のテーマを論じた嚆矢《こうし》ではなく、この論題はずっと以前にすでにピュタゴラス学徒たちやヘラクレイデス・ポンティコスによっても論じられていたことを告白しているのだ。彼はルター主義の神学者アンドレアス・オジアンダーの支持も得た。オジアンダーはこの出版の危険を狭めるために、コペルニクスのそれは説ではなくて、数学的仮定だ、と言ったのである。

以下、『天球の回転について』の出だし部分を適当に端折《はしょ》って引用しよう。

パウロ三世法王猊下へ　私は天球の動きについてわれとわが身で長らく熟考してから、この論題に関してのできるだけ多くの本を読みました。こうして私が発見したのは、キケロもニケタスも同じ動きを直観していたこと、そして、プルタルコスや、他の師匠たち——フィロラオス、ヘラクレイデス・ポンティコス、ピュタゴラス学徒のエクファントス——すらもが、地球は軸にはめ込まれていながら、西から東へと自転していると想像していたということだったのです。

コペルニクス革命は幾世紀もの過程で、ほぼすべてのイタリアのインテリたちを巻き込んだのであり、その内には、ジャコモ・レオパルディもいた。この詩人は『道徳的小品集』の中で、太陽とコペルニクスが天国で出会い、そして太陽がこの天文学者に、毎日地球の周りを回るのにあきあきしているると打ち明けた、と想像している。すると、コペルニクスはそんなことを誰にも言わないようにと太陽に要求した。物理学的・形而上学的な余波が厖大なものとなるだろうからだ。

ヨハンネス・ケプラー（1571－1630）

第17章　ティコ・ブラーエとヨハンネス・ケプラー

コペルニクス、ブラーエ、ケプラーは十六世紀の三スターを成していた。第一の人については語ったばかりだが、ティコ（デンマーク語ではティーゲ）・ブラーエに関して言えることは、コペルニクスの死から三年後、一五四六年にデンマークに生まれ、ポーランドで一九〇一年に亡くなったという事実だ。

デンマーク王フレデリク二世は、当時の他の王たちとは違って、天文学マニアであったから、この若い科学者を庇護し、コペンハーゲン海峡の島フヴェーンを彼に贈与した。絶対の静けさの中で天を注意深く観察できるようにするためである。また、この島の上には、すべて彼のために、城、印刷場、天体観測所を建てた。

ティコ・ブラーエはこの島を入手すると、三六〇個の四角い区画に天を区分し、彼を聖者のように尊敬している十人の助手のおかげで、もろもろの天体の位置の目録作りをして、極めて精確な星の地図を仕上げるに至った。それだけではない。当時の二つの説、つまり、修道士たちが説くプトレマイオス・クラウディオスの説と、科学者たちの支持するコペルニクスの説との間で板挟みになり、どちら側の不快も招かないようにするために、彼は第三の説、つまり、太陽と月は地球の周りを回転しており、もろもろの惑星は太陽の周りを回転しているとの仮説を提唱したのである。

しかしながら、彼にとって重要な唯一のこと、それは地球が動かないということだった。この目的のために、王から大砲を贈ってもらい、二発を——一発は西、一発は東へ——発射した。もし砲弾が飛行中に、地球が少しでも動いたとしたら、二つの距離は違う結果になるであろう。逆に、この距離は等しかったから、地球が一ミリメートルも動かないという証明になったのだった。

フレデリク二世が亡くなる（一五八八年）と、ティコ・ブラーエはその後継者から解雇される。しかし、彼はこのことにほとんど落胆しないで、プラハの皇帝ルドルフ二世の宮廷に移り、『天界について』なる本の中で、以下のような考えを書き記したのだった。

プトレマイオス・クラウディオスの説もコペルニクスの説も正確な結果を出さないことが分かって、私は数学や物理学と対立しない第三の説がありはしまいか、われとわが身で熟考し始めたのである。

この省察から生まれたのがティコ体系、つまり第一の中心には地球があり（その周りを太陽、月、もろもろの星が回転している）、第二の中心には太陽がある（その周りを水星、火星、金星、木星、土星が回転している）とする説である。冥王星のことは当時、その存在が知られていなかった。

臨終の床で、ブラーエはティコの体系をお気に入りの弟子、若きケプラーに託した。しかしながら、ケプラーはコペルニクスの規則性にあまりにも縛られていたために、二つの円の説を受け入れることができなかった。その瞬間、彼は何も言わなかった。というのも、瀕死のティコには聞こえなかっただろうからだ。それから、師匠を墓に納めた後で、彼は自分の新体系を持ち出し、これを発表したのだった。

ヨハンネス・ケプラー（一五七一―一六三〇）はシュトゥットガルト近郊のヴァイルで生まれた。彼の最大の功績は惑星の軌道形が円周ではなくて楕円だという発見にある。皇帝ルドルフ二世により〝宮廷数学者〟に任ぜられるや、彼もプラハに落ち着き、太陽が持ち場を回復したのだった。その後、師匠ティコ・ブラーエのあらゆるノートを活用して、惑星の軌道形をもう一度一つずつ描き直した。もちろん、彼のモデルが四〇〇年間、不動のままだということを認めなくてはならない。

ピュタゴラス同様、ケプラーも天体どうしの関係を音符に比べた。彼は宇宙の中に、音楽と数学を結びつける一種の聖なるハーモニーが存在することを〝感じていた〟。研究の当初は、宇宙には一種の霊魂――彼は〝原動的アニマ〟（anima motrix）と規定した――があると考えたが、その後は、自らの仮説を再編成して、このアニマを時計のように、いったん動かされるや（望むらくは神によって）、もう止められないものと見なした。

ケプラーはまったく異なるいくつかの分野で才能ぶりを発揮した。基底、高さ、円周という三つの寸法だけを知ることにより、ある樽が何リットルを包有しているかを正確に計算するための数式を練り上げたことを考えるだけで十分だ。これについては、『ブドウ酒樽の新しい体積測定』なる論文を著した。そのほか、生理光学を研究し、望遠鏡に凸面レンズを初めて採用した。最後に、七巻から成る厖大な天文学概論を後代に残した。

性格は温和だった。生徒たちを助けたり、とりわけ、司祭たちから魔術を使ったとして訴えられた自分の母親を救おうとした。彼は上層階級からの友情を活用して、処刑台を避けることができたのだった。五十九歳でレーゲンスブルクで没した。

コペルニクス、ブラーエ、ケプラーについて

私は三人ともが天国で、雲の上に座り、上天から宇宙を眺めているありさまを想像してみる。彼らはそこで空中に浮かびながら、星に関しての質問を絶えずやり続けている。

ケプラーがコペルニクスに言う、「ニコラウス、きみは生きていたとき宇宙がこんなに大きいと想像していたのかい？　星雲がどれぐらいあるか知っているのかい？」

「どれぐらいだって？」とコペルニクス。

「天文学が専門の或る天使が私に言ったんだ。四億以上あり、それぞれが二一〇億個の星と八〇〇万個のブラックホールから成っているんだ、と。」

「ブラックホールって？」とティコ・ブラーエが尋ねる、「ブラックホールっていったい何のことかね？」

ケプラーが叫んだ、「おやまあ、きみは何と無知なんだ！　きみらコペンハーゲンの連中は何も知らないんだね。今日日《きょうび》、少年たちだってブラックホールが何かぐらい知っているぞ！」

コペルニクスが彼をたしなめて言う、「抗議する代わりに、それが何なのか説明して上げなさい」。

すると、ケプラーがやや学者ぶった口調で語り続ける、「ブラックホールとは、引力がなくなって自らの酸素と炭素で過重な金属と化するまでになり、しかもあまりに重くて、光さえ発することができない星のことだ。これはすべて引力の問題に過ぎないのだよ」。

「本当か!?」とブラーエが信じられなくてコメントする、「でも、こんなことはドイツだけに知られているのかい？」

「ドイツに関係ないさ！」とケプラーが抗議する、「これが今日の天文学なんだ。きみとフレデリク二世の天

文学じゃないのだ」。

「すると」、とティコ・ブラーエが続ける、「光を発しないとしたら、僕らにはブラックホールは決して見えはしないだろう」。

「いや、僕らには見える。僕らは人間じゃなくて、霊魂なのだから」、とケプラーが説明する、「明日、ブラックホールが見たかったら、M87のほうを眺めたまえ。素敵なのが一つあるんだ。星雲のど真ん中にあるんだよ。いいかい、そこのブラックホールでは、ほんの小銭、たとえば一ユーロでも、一〇〇〇トン以上の重さがあるんだぞ」。

「まあ、一ユーロが！」とティコ・ブラーエは一ユーロがどういうものか全然知りもしないのに、叫び声を上げる。

「割り込んで申しわけないが」、とコペルニクスがさえぎる、「僕たちは死者とスコーパ〔カード遊び〕をすることになっていたのじゃなかったのかい？」

「そうだよ。でももう遅くなった」、とケプラーが答える、「それに、僕はカードを持って来なかったんだ」。

「それじゃ、辺獄《リンボ》へ行こうよ」、とコペルニクスが提案する、「プトレマィオス・クラウディオスをからかいに行こうぜ。あいつは地球中心の奴の宇宙の話をするたびに、獣みたいに怒り出すんだ！」

テオフラストゥス・パラケルスス（1493－1541）

第18章　医師と魔術師

天文学者から魔術師に移ろう。私は読者諸賢が魔術師にどういう態度を取られるのかは知らない。しかしご注意申し上げざるを得ないのだが、この私は技術者であるから、絶対に何も信じたりはしないのだけれど、それでも、この世には説明することも説明されることもできないことがときどき起きることは認めざるを得ない。ところで、まさに十六世紀初頭には魔術が栄光の瞬間（言ってみれば、魔術の瞬間）を迎えたのだった。当時は、外科医の仕事が決まって床屋によって行われていたし、他方、医師の仕事はほぼ常に、魔術師と結びついていたし、無知な病人ほど、魔法使いを信用していたのである。

コルネリウス・アグリッパ

ネッテスハイムのコルネリウス・アグリッパ（一四八六―一五三五）から始めよう。彼は占星術師、医者、哲学者、錬金術師だった。新プラトン主義とカバラから影響を受けて、人間は三レヴェルの魔法――正確には、自然の魔法、天の魔法、宗教の魔法――に服従させられていると主張した。第一魔法は、自然界の隠れた諸力、したがって、地震、洪水、想像しうるすべての大災害に結びついている。第二の魔法は、星の感応力、そして第三の魔法は悪魔の悪ふざけに結びついている。したがって、身近に守護天使として魔術師をもつことは、願いうる最良のことだった。彼の言によれば、秘密は威厳を保つこと、つまり、肉欲から距離をとることにある。

実を言うと、彼はそれを完璧にやり遂げることができなかった。実際、語られているところでは、彼はセックスしているときに心筋梗塞で腹上死したという。とはいえ、彼は抱擁その他の合間に、『科学の不確かさと空虚さについて』と『オカルト哲学について』を刊行する時間はあったのである。

テオフラストゥス・パラケルスス

もう一人の重要な医師・魔術師には、フィリップス・アウレオルス・テオフラストゥス・ボンバストゥス・フォン・ホーエンハイム（一四九三―一五四一）――より短くして、パラケルススとして知られた――がいた。人間としては、想像を絶するほど悪者だった。彼が信用した出版者ヨハンネス・オポリヌスは、彼のことをこう記している。

二時間以上続けてテオフラストゥスが素面《しらふ》だったのを見たことがない。彼はたいてい完全に酔っ払って帰宅し、着衣のまま、剣を傍に横たえたまま、ベッドに倒れ込む。それから、たぶん、夜中に突如起き上がり、部屋の家具や壁をサーベルで切りつけ始めるのである。[19]

フランシス・ベーコンは数年後、パラケルススもアグリッパも二人ともぺてん師だ、と言うことになる。

パラケルススはその経歴を始める際に、薬屋と床屋から成る混成グループを前に、ガレノスやアヴィケンナの書物を広場で火に投じた。この振る舞いのゆえに、彼は〝化学のルター〟とあだ名されたのだった。

彼の指導原理は、小宇宙と大宇宙との——したがって、外界と人間との——符合にあった。彼が提起した説によれば、人間の健康は体内の、硫黄、水銀、塩の三元素の量加減に依存するという。人間は化学的有機体であり、神学、占星術、哲学、錬金術の療法を通してのみ治しうるとした。彼に近づいた人びとこそ、みじめだったろう。

当代の医学者たちはみな彼を激しくののしっていたのだが、彼のほうは、『偽医者を反駁する』なるエッセイを書いて彼らにお返しをし大儲けしたのだった。そういう罵詈《ばり》雑言の一つ——正確には、第三部——の中で、彼は毒薬についてさえたっぷり語っている。


いいかい、悪人たちよ、手前らは儂の処方箋に毒薬が入っていると言っていやがる。でも訊くが、手前らは毒薬が何か知っているのかね？　神がそれをおつくりになったのも、何とかして助けようとされるからなのだ。まあ、試してみれば、分かるだろうぜ。

しかもこのことでは彼の言うとおりだったのだ。実際、ギリシャ語でφάρμακονが「薬」も「毒薬」も意味するのは、偶然ではないのである。服用量次第なのだ。

やはりその本の中で、パラケルススは言っている――医者仲間たちはアスクレピオス、マカオン、ポダレイリオス、ヒッポクラテスの教えに背いて、キリスト教の慈悲のためよりも、お金儲けのためにこの職業を行ってきた、と。そしてこう結んでいる。

かつては十二使徒につき裏切り者が一人いたが、今日では、十二人の開業医につき真面目な医者をやっと一人見つけられるぐらいだ。(20)

ジローラモ・フラカストーロ

ヴェローナの人ジローラモ・フラカストーロ(一四七八―一五五三)は、医者、魔術師、錬金術師、化学者として歴史に残っている。実際には、詩人だった。彼が信奉したのは、技術者は真なるものに携わるが、詩人は本当らしいものに携わる点が両者の真の違いだ、というアリストテレスの説である。彼は『好き嫌いについて』なるエッセイを書き、ここで、似たものどうしの魅力と、似ざるものどうしの反発を論じた。

しかしながら、彼の名声は、クリストフォルス・コロンブスのアメリカ到達後ヨーロッパに入ってきた病気に関する研究のせいである。フランスに言わせると、これはコロンブスの仲間である(ナポリの）アニエッロという水夫によって伝染させられた、いわゆるナポリの伝染病だった。実際にはこれは、フランス病として世界中に知られた病気だった。もちろん、伝染は性行為を通してのみ起きたのである。フラカストーロは『梅毒またはガリア人の病気について』という医学詩の中で、梅毒（Syphilis）なる語を用いた。この由来はギリシャ神話にあり、つまり、シュフィルスという羊飼いがゼウスをひどく怒らせたため、女性に指一本でも触れるたびに、ひどい病気を伝染させる罪を加えられたのである。(21)

ジェローラモ・カルダーノ

ジェローラモ・カルダーノ（一五〇一－一五七六）は医学者、魔術師、錬金術師であったほかに、優れた数学者でもあった。一二巻から成る大著の中で、多種の問題に取り組んだ。沈没した船をいかに引き上げるか、食用キノコと毒キノコの見分け方、三次方程式の解き方、チェスの勝ち方、二つの回転軸を互いにいかにして結び合わせるか（カルダン自在継ぎ手として歴史に残った）、といったように。

もっと平易な助言のうちからは、次のものが挙げられる。

人と話をするとき、とくにその人があまり信用できない場合には、顔を見ないで、両手を見つめたまえ。

あいにく、彼の生涯は幸せなものではなかった『わが人生について』(一五四二―七五)と題する自伝の中で彼本人がそのことを語っている。幼時には母親から毎日殴られたのであり、老いてからは、息子の一人が殺人罪で絞首刑に処されるのを見たのである。

ジャンバッティスタ・デラ・ポルタ

魔術師・医師たちについてのこの短い展望を、ジャンバッティスタ・デラ・ポルタ(一五三六―一六一五)で閉じることにしよう。医師になる前は光学研究者だった。自然の神秘について一冊の本を書いたが、そこでは、やぶ医者の行う悪魔的魔術と、真面目な医者の推進する自然な魔術との二種を区別した。彼は魔術師であるほかに、ナポリ人でもあった。

魔術師と占星術師について

ある日のこと、私の女友だちで秘書であるアドリアンナがひどく私に対して興奮した。ある魔女が彼女にはげの男との大恋愛を予言しており、しかも、たった二カ月してから、まさしく丸はげの銀行支店長と識り合い、彼女はこの男にすっかりのぼせてしまったのだった。

彼女は私に言った、「あなたも行っていらっしゃいな。きっと、あなたの人生が一変するわよ」。私は答えた、「私はちっとも人生を変えたいという気はないが、でもいったい、その魔女はその日どんなことを予言したのかい？」

「全部で一〇のことを。二時間ずっと彼女の所にいて、私のためにタロットカードも切ったわ。私がスーパーレナロットに勝つだろうと彼女は言ったし、ほんとうに、私はその日からいつも少しばかり賭けているのよ。遅かれ早かれ私は勝つと確信しているわ。」

私は反論して言った、「きみに少しも疑いはないのかい。予言が一〇中一つだけ当たったとしても、これは予見というよりは、偶然の一致だろうが？　ねえきみ、問題はきみがその魔女の共犯者だということだよ。だって、当たらなかった九つの予言を語らない以上は、きみは彼女の不当な宣伝をやっていることになる。それだけさ」。

「それだけって、どういう意味？」

「きみは彼女からきみの未来を占ってもらいたがっているという意味さ。だって、そのいかさま女は、素敵なことをきみに告げるために全力を尽くし、こうして、これら予言が当たった日に報酬を得ることを望んでいるんだからね。」

「いや、別に素敵なことだけを私に告げているわけじゃないわ。私の目つきが悪いとも言ったのよ。」

「で、きみはそんなことを信じたのかい？」

「もちろん信じたわ。だって、彼女が調合してくれた香水をたった三回嗅がしてくれるだけで、治してくれたんだもの。」

「香水だって？」

「そう、香水。ここにあるわ。素晴らしいわよ！」そして、小びんを私に見せながら、彼女は付け加えるのだった、「もちろん、この香水を持ち歩いてからは、不快なことは何も起きなかったわ、今日あなたとこうして出会ったことを除いてはね」。

ノストラダムス（1503－1566）
（フランスの民衆版画。エピナルのペルラン刊。1810年ころ。パリ、ビブリオテーク・ナショナル）

第19章　ノストラダムス

ミシェル・ド・ノートルダムよりも、むしろノストラダムスとして知られる。プロヴァンスのサン＝レミで一五〇三年十二月十四日、ちょうど正午に誕生した。ユダヤ教徒の祖父は、パリのノートルダム（聖母）の祝日にキリスト教に改宗する際、姓を変えることにして、自らノートル＝ダムと名のったのだった。孫のミシェルは十六歳になったばかりで、フランス語以外に、ラテン語、ギリシャ語、ヘブライ語を正確に話した。アヴィニョンで学び、当地で十七歳のとき、文法、論理学、修辞学を卒業した。彼は著名になるや、占星術の普及にたいそう貢献した。

ほかの大勢の同僚と同じく、彼は医者・化学者の職に就いた。その後、バーゼル大学の医学教授になる。サロン＝ド＝プロヴァンスに私有の観測所をもち、ここで、星の動きを毎晩ずっと研究して過ごした。フランスで黒死病が猖獗をきわめてたとき、ボルドー、アーヘン、エクス＝アン＝プロヴァンスの各市は彼に懇願した。なにしろ、彼は病人を助けに駆けつけ、一度で引き受けて、昼夜を問わず、瀕死の人びとの看病に過ごしたからである。そのときから、人びとは彼を聖者のように尊敬したのだった。

彼はフランス中だけでなく、頻繁に旅行した。一年半をイタリアでも過ごしている。クーマ（キュメ）にもやって来て、ここでは、彼の予言仲間シビュレの洞窟を訪ねに行っている。話によると、ある日アンコーナで、前兆の一つを得たらしい。修道士たちの群れが道を渡るのを見て、彼は彼らのうちの一人の前にひざまずいた。その修道士は三六年後、法王に選ばれた。シクストゥス五世（在位一五八五－一五九〇）だった。

最後に、フランス革命のときに、彼の墓が荒らされた。骸骨を見ると、その墓荒らしの正確な年月日を記したプレートが指にはさまれていた、と言われる。本当なのかも知れないが、私は信じない。一〇巻の『大予言書』（*Centuries*, 1555）を著した。各巻が一〇〇個の四行詩節からなり、その中で、十六世紀の初めから三七九七年まで、予言可能なことがすべて予言されていた。これはたいてい、何の方針もない文句の寄せ集めである。だが、その成功は途方もなく大きかったし、これを否定しても無駄だ。今日でさえその成功はなお続いているのだ。メディチ家の王妃カトリーヌの宮廷に迎えられ、彼はその日から彼女に庇護されたのだった。

数ある四行詩節のうちから私が選んだのは、第Ⅵケントゥリアの九七番で、そこでは、ツイン・タワーの倒壊のことが予言されている。ノストラダムスはこう言っているのだ、

天は四五度で燃えるだろう、
火は新しい大都市に近づく、
一瞬にして大きな炎がはじけて爆発するだろう、

そのとき、ノルマン人は自らの勇気を見せるであろう。

そのとおり。どうして疑えようか。「大きな新都市」と「四五度」、これはニューヨークとそれの北緯でしかあり得ないし、まさしくニューヨークは北緯四〇・五度なのだ。正確な年月日時分（二〇〇一年九月十一日午後一時十一分）も付け加えておいたなら、彼は完璧だったであろう。

最後に、最終の予言は彼自身のことだった。彼は忠実な秘書シャヴィニーに言った、「次の日の出には君はもう私に会えまい」、と。そして実際に、翌日――一五六六年七月二日――、ベッドで即死していているのが発見されたのだった。

私を非礼と判断してもらいたくはないが、でもノストラダムスは何も予言しなかったと今も私は信じ続けている。彼の言ったことは、いわゆる〝後知恵〟、つまり、今日起きたことを昨日書かれた四行詩に当てはめられるということ、にほかならない。どんな事件でも私に挙げた上で、三〇分を与えて頂きたい。そうすれば、私はノストラダムスの予言に当てはまる彼の四行詩の一つを見つけて差し上げよう。イラク戦争だって見つかるはずだ。探してみるだけでよい。

ベルナルディーノ・テレジオ（1509－1588）

第20章　ベルナルディーノ・テレジオ

学校の教師は運命で決まる。誰かが学校で立派な先生に出くわせば、その後の人生はよくなる。私はナポリのリチェーオ〔中学・高校〕〝ヤコポ・サンナザーロ〟で、数学の先生にも哲学の先生にも幸運に恵まれた。当時の先生の名前はそれぞれ、ジュゼッペ・シニョーレとプラチド・ヴァレンツァだった。神よ、彼らの霊魂を天に導き給え！

コセンツァの人ベルナルディーノ・テレジオ（一五〇九―一五八八）は、その思慮分別を父の兄ジ・アントニオに負うていた。この伯父は大変な読書家だった。彼を生徒にしてから、僅か数年のうちに、コセンツァ全体でもっとも教養のある若者にしたのである。彼をミラノ、ローマ、パドヴァに連れて行き、パドヴァでは、物理学、数学、医学を卒業させた。要するに、この伯父は今日のいわゆる個人指導教師（チューター）だったのだ。そのほか、ローマに住んでいたときには引き込まれていたごたごたから彼を救ってやったりもした。詐欺罪でドイツ人傭兵たちによって逮捕され、監禁されていたのである。ジ・アントニオは或るドイツ人大佐の元に話に出かけ、甥が身体障害者だと説明して、彼を救出することに成功したのだった。

テレジオにとって重要な〝こと〟が三つあった。熱さ、冷たさ、物体である。少なくとも、この原理に関しては、彼は決して迷わなかった。熱さは物体を拡大させるし、冷たさはそれを収縮させる。彼は物体が不動の、知覚のない、ほとんど死んでいて、いかなる活動もなし得ないものなのだが、後から熱さや冷たさがやってきてこれを動かすのだ、と想像していた。テレジオによると、霊魂も物体でできている、とされた。別種の、より繊細な物体かも知れないが、依然として物体には変わりないのだ、と。

テレジオにあっては、認識は自然主義ないし感覚論――つまり、外界で起きるすべてのことを五感を通して知覚する能力――と規定される。飲んだり、食べたり、踊ったり、セックスしたり、ナポリの私の古い家からヴェズーヴィオ火山を見て称えたり、といったことは、感覚論の事例に過ぎない。したがって、自然はそれが私たちの自由にさせた諸原理そのものに従って(iuxta propria principia)研究されねばならない。テレジオは私たちに勧めている、世界に顔を向け、リラックスせよ、そうすれば、自然が私たちに近づき、自ら知らせてくれることに気づくであろう、と。

テレジオは形而上学とか、五感で測り得ないすべてのものを好まなかった。私たちが学校で学んだ、現実態や可能態といったような概念はみな、我慢がならなかった。換言すると、彼はアリストテレスに共感を抱かなかった。しかも、それだけではない。彼は神学を回避しようとしたのである。彼は教会当局にひどく脅かされていたので、どんなに無害な、いかなる話題を論じる際にも、「聖書と対立しない場合に限って」なる句でそれを閉じるのが常だった。

彼のもっとも有名な著書『諸原理そのものに従った事物の本性について』(一五八六年)は、実際上、自然の主要局面に関する本だった。当初は二巻で出版したが、新たな論議を付加せざるを得なくなり、結局、九巻になった。環境について、彼の知っているすべてのことをその中に盛り込んだ。海、川、天、火山、を論じた。自然について彼は「同じことを、しかも常に同じ秩序に従ってやっている」と述べていた。彼は自然を生き物、ほとんど動物だと見なしていた。今日だったら彼は〝緑の党〟に投票したであろう。だが、後でテレジオの説をよく注意して検討してみると、彼の説も形而上学的で、ときとしてプラトン的にすらなってしまうであろう。

ベルナルディーノ・テレジオについて

少し前に、私は感覚論を発見した。何のことか？　簡単に言うと、シャワーを浴びないで風呂に入るだけでよい。お湯がまだものすごく熱いときに、浴槽に入るべき問題でもあるかのように、その中に私は朝つかることにする。それからそこに暗闇のまま、ラジオとかテレビの音にも一切妨げられないで、じっとしている。そのとき、私は物体と一つになる。片足、片足だけ、または片腕に過ぎないと想像したり、また、湯の熱を通して世界を感じとったりする。蛇口の上に印された熱（C）や冷（F）が私にテレジオの熱さと冷たさを想像させることになる。

　また或るとき、私はスパルタ人たちのことを考えてみた。彼らは年がら年中、一着の服しか身につけられなかったから、ウールとリネンのうちから選ばねばならなかった。彼らは自問していたのだ、「夏の熱さを耐えるのと、冬の冷たさを耐えるのと、どちらがましか？」と。

　何を選んだものか、私には分からない。ただ私は浴槽から出るとき、たびたびこんなことを自問してみるのだが、季節に応じて私の考えが変わるのである。

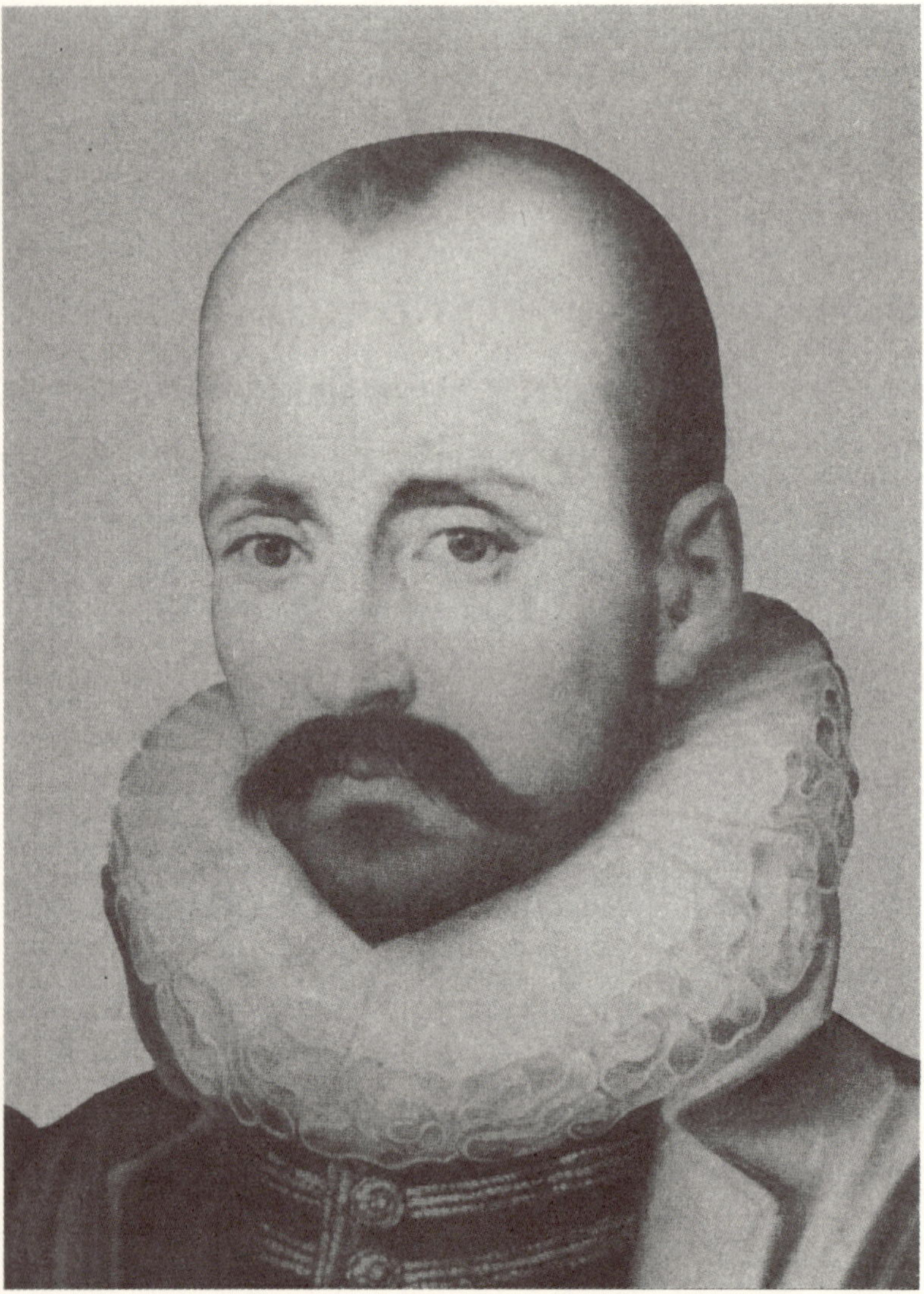

ミシェル・ド・モンテーニュ（1533－1592）

第21章　ミシェル・ド・モンテーニュ

ミシェル・ド・モンテーニュ（一五三三―一五九二）はほんとうにすごい。彼の本はすっかり読める。たしかにあまり楽しくはないが、最初から最後まで、いつでも理解できる。彼の有名な本のタイトル『随想録《エセー》』（*Essais de Messire Michel*, Seigneur de Montaigne, 二巻、一五八〇年）は、彼の真の意図が何であるか、つまり、彼が生涯において為した経験の意味を探り出すために〝吟味〟しようとする意図を示さんとしている。そこから滲《にじ》み出ているのは、情愛の人というよりも、知的な人の、熱情的、政治的、道徳的な一つの肖像である。

彼はフランスで、私有の、正確にはモンテーニュのいかめしい城館に生まれた。地域としては、シラノ（一六一九―一六五五）の故郷ベルジュラックの近辺にあった。しかし、彼は主人公ロスタンとは違い、詩人でも剣士でもなかった。ひどく理性的な人物に過ぎなかった。法律と哲学を学び、ヨーロッパ一円、とくにスイス、ドイツ、イタリアを隈なく旅行した。一五八〇年には、ローマにも滞在した。その後、ボルドー市長に選ばれるや、祖国に戻ることになり、二七一冊を読書用に持ち帰り、それからは生涯ずっと身を落ち着けた。

『随想録』の主人公は「私」――まさしく彼本人のことである――と呼ばれている。ある人からは、彼は「自画像の画家」だと言われた。実際、彼は『随想録』の中で、自己観察したり、自己批判したり、自分を他人と比較したりしている。さながら、鏡の前にいる自分を書いたみたいに見えるのだ。彼の瞑想は決して宗教的ではなくて、いつも世俗的であり、その根底は追求すべき理想というよりも、人生のさまざまな出来事に置かれていた。彼は禁欲的な人生観と懐疑的な人生観との間を揺れ動いている。現在のことを省察すればするほど、未来のことを疑っている。換言すると、彼は人の存在がいかに当てにならないか、とりわけいかに短いかに気づくのだ。したがって、彼の関心は今の存在ということよりも、これからどうなるかということに集まる。ミシェル・ド・モンテーニュにとって、人間とは生きたパラドックスなのだ。つまり、人間は「被造物の中でもっとも脆弱なのだが、同時に、もっとも傲慢でもある」。以下、引き続き、彼の『随想録』から五つの思弁を採り出してみよう。

われわれは決してわれわれの近くにはいないで、常に少しばかりより遠くに隔たっている。恐怖、欲望、希望がわれわれを未来へ投げつけ、そして、現在の意識をわれわれから奪い去る。しまいには、将来のこと、つまり、もはやわれわれが存在していないときのことに興味を寄せるであろう。

私はこの人間のありのままを述べている。もう一度この人間を創り直さねばならないとしたら、私は違ったようにするであろうが、これは致し方ない。私の人生はみじめであり、何らの光輝もない。

逆風の一吹き、カラスの群れのカーカー鳴き、馬のつまずき、鷲の偶然の通過、一つの夢、一つの印、暗闇の中のひと声、朝の霜柱、これだけで或る人間にショックを与え、彼をひれ伏させるのには十分だ。

他人は私が自分のことを語り過ぎるからとて嘆いているが、私は他人が彼らのことを全然語らないから、嘆いている。われわれのうちのいったい誰が間違っているのか知ら？

哀れな被造物にあって、自分自身の所有者でもないのに、宇宙の主人であると信じていること以上に、滑稽なことを想像できようか？

要するに、彼はこれ以上あり得ないくらいの悲観主義者なのだ。この意味ではレオパルディの先駆者である。分からないこと、それは彼がなぜ自殺しなかったのかという点である。

ミシェル・ド・モンテーニュについて

私にいつも考えさせてきた彼の哲学には何かが存在する。モンテーニュはその『随想録《エセー》』の一つにおいて言っているのだ、「それ〔俗説〕を自分の理想で判断しなければならない。一般大衆の声で判断してはならない」*と。それから、彼はカニバリズムの問題を検討している。たとえば、人間を食べるのは非難すべき行為だが、しかしそれは、まだ生きているうちから彼を噛りにかかる場合だけである。逆に、すでに死んでいたとすれば、誰に悪事をしたことになるのか？　誰にも。そうだとしたら、こういう何キロもの肉がひょっとして他の人びとを生き永らえさせることができるかも知れない以上、どうしてそれをやらない理由があろう？

モンテーニュの頭にこういう考えが浮かんだのは、彼の城館に元は人食い族だった、アフリカ人の召使いがいたからである。ところで、彼の意見では、この召使いははなはだ立派な人物であって、生涯を通じて生きている（傍点筆者）人に対しては決して悪事をしでかさなかったのである。

事実はどうかと言えば、私たちは銘々、自分たちの生き方に属さないすべてのことを非難すべきだ、と決めつける傾向があるのだ。

こういう観点で初めて考えたのは、まさしく、古代ギリシャ人たちだった。彼らは見知らぬ民族はすべて蛮族（バルバロイ）だと判断していた。モンテーニュに言わせると、彼らはたぶん一夫多妻を非難していたのだろうが、専制、不誠実、残虐といったほかの恐ろしい顕現は受け入れ可能と見なしていたらしい。

＊　モンテーニュ（原二郎訳）『エセー』、第一巻第三十一章（「世界古典文学全集」第三七巻、筑摩書房、一九六六年）、一四九頁。

ジョルダーノ・ブルーノ（1548－1600）

第22章　ジョルダーノ・ブルーノ

フィリッポ・ブルーノ（一五四八—一六〇〇）は軍人の息子としてナポリ近辺のノーラに生まれた。幼くしてドミニコ会士の修道院に修練者として入り、二十四歳のときに、ジョルダーノ名でそこの司祭になった。彼の面倒は、カトリック教を新プラトン主義と一致させようとした日から始まった。デモクリトス、ヘラクレイトス、ルクレティウス、エピクロスの潜在的な息子だと自らを明らかにしたのであり、とくにエピクロスを父だと言ったことが、彼に限りない面倒をもたらしたのだった。彼の最初の問題は女性たちだった。女性が好きで、これをなしにすますことができなかった。聖書では千人の女性しか持たなかったとされるソロモン王よりも多くの女性を持ったと豪語したこともある。

彼は自然およびそれの絶えざる変転を信じていた。「無になるものはない」(Nihil annihilat)、つまり、何ものも消え失せず、すべてのものは出発点に戻るというのが、彼の口ぐせだった。「歩くこと、泳ぐこと、愛すること、成長すること、生きること、死ぬこと、これらは絶えざる円環の旅にほかならない」。わかりやすく言えば、ヘラクレイスの万物流転（*πάντα ῥεῖ*）のようなものである。

ブルーノはいわゆる美少年ではなかったが、その代わり、彼の弁舌は素晴らしかった。彼が話し始めるだけで、居合わせた人は誰でもそれに魅了させられたのだった。

彼の罪の真偽はともかく、彼は僧衣を棄てざるを得なくなり、こうして哲学教授の職をやりだしたのである。まず、ノーヴィ・リグーレで教職に就き、その後、順々にトリーノ、ヴェネツィア、パドヴァに移ったのであり、パドヴァでは幾人かの修道士たちから修道院に復帰するよう説得されたのだった。

だが、今回も彼の修道院生活はごく僅かな日数しか続かなかった。とうとうイタリアを棄てて、まずジュネーヴに行き（当地ではカルヴァン主義者たちとけんかになった）、次にフランスに赴いた。フランスでは、国王アンリ三世が格別の記憶力を有する魔術師の噂を聞きつけて、記憶術を伝授してもらうために彼を宮廷に招いたのだった。

あいにくパリでも、事態はブルーノにとってはかばかしくゆかなかった。口論となり、自分の学生たちにほとんど暴力を振るうまでになり、そして、聖職者とソルボンヌの教授たちを侮辱した喜劇『ろうそく売り』（一五八二年）を書いた。それから、洞窟の神話に言及した『イデアの影像について』（一五八二年）、さらに『灰の晩饗』（一五八三年）、『原因、原理および一者について』（一五八四年）、『無限宇宙と諸世界について』（一五八四年）、『勝ち誇った獣の売店』（一五八四年）、『天馬ペガサスのカバラ』、『英雄的情熱について』（一五八五年）を書いた。

フランスも去らざるを得なくなって、イギリスに赴き、ここでエリザベス女王と識り合った。言うまでもないが、彼はロンドンでもみんなと、とりわけ、リンカーン学寮長とけんかした。イタリアのヴェネツィアに戻ると、ヴェネツィアの有名な貴族ジョヴァンニ・モチェニーゴの食客となった。

要するに、まだおわかりでなければ言っておくと、ジョルダーノ・ブルーノは悪い性格をしていたのだ。批判者の前に屈することを決してしなかったし、自分に同意しない者と妥協することを決してしなかった。天文学に関する彼の考え方が、彼を宗教界全体と対立させたのである。地球は宇宙の中に散在する小石に過ぎず、地球のような惑星は幾千、いやむしろ幾百万と存在する、と彼は確信していた。ところで、当時はこの種の考えをもつだけで、異端というレッテルを貼られるのに十分だったのである。

ヴェネツィアで、モンチェニーゴはすぐさま正体を、つまり、ひどい恥知らず振りを露呈した。ジョルダーノ・ブルーノを招いたのは記憶術を学ぶために過ぎなかったのだが、相手がどんな人物かを見抜くや、信頼のおける聴罪司祭のアドヴァイスに基づき、彼を異端裁判所に告発しにかかったのである。まず言い置くと、当時の宗教裁判所は想像しうる限りのひどいものだった。なにしろ、尋問者たちは拷問に訴えて実行していたからだ。哀れジョルダーノ・ブルーノはヴェネツィアで九カ月間裁判にかけられ、ローマで七年間収監されたのである。

彼の筆頭の敵はベラルミーノ枢機卿だった。この高位聖職者はキリスト教のことは何でも知っていたのだが、私たち自身にして欲しくないことを隣人に施すなかれという掟だけは別だった。ベラルミーノはジョルダーノ・ブルーノの全著作をこと細かに調べ上げ、四つの点で彼に釘を打ちつけた。第一に、聖体を信じていないこと、第二に、三位一体を信じていないこと、第三に、世界の複数性を主張していること、第四に、霊魂が人体から動物の体へ転生すると信じていること。しかもこれだけではない。ベラルミーノは彼に、金曜日に肉食したことや、大勢の娼婦と性交したことを告白するよう要求もしたのである。

彼は食欲の罪も色欲の罪もすべて認めたのだが、しかしこの枢機卿から宗教や天文学に関しての考え方を変えるよう要求されたとき、答えることさえ拒否したのだった。かくして一六〇〇年二月十七日、ローマのカンポ・デ・フィオーリで生きたまま焚刑に処すとの判決を受けたのである。

この判決が下されたとき、彼は「この判決を言い渡すあなたのほうが、それを受ける私よりも震えておられることでしょう」と叫んだ、と言われている。

ジョルダーノ・ブルーノについて

彼について書くために、私はカンポ・デ・フィオーリの小さなレストラン〝グロッティーノ〟に入って行って座った。彼が生きたまま焚刑に処されたちょうどその場所に立っている彼の彫像の真正面に位置している。私は彼をじっと見つめる。顔を下に向けている。さながら、自分の身体が焼けるのを眺めているみたいだ。フードのせいで、私は彼の顔がよく見えないのだが、それでも彼の姿を想像することはできる。彼はわが身を見つめ、そして満足しているのだ。嘘を言うか、炎の中に入るかで、彼は炎の中に入るほうを好んだのだ。

私は生きたまま焚刑に処されることがひどく苦しいかどうかを、いつも自問してきた。死そのものを、私はもはやそれほど恐れはしない。怖いのは、苦しみのほうなのだ。臨終がスイッチ・オフに等しいとしたら、がまんして、やり過ごせる。しかし、それが一〇分以上も続いたら、大変だ！ ニューヨークのツィン・タワーの倒壊の際、炎の中で最期を遂げないよう、一〇〇階から身投げするほうを選んだ人びとがいた。はたして、これが良かったのか？ 私には分からない。

ジョルダーノ・ブルーノに関してはたくさんの伝記が書かれてきた。けれども、一番よくできており、もっとも簡潔なのは、私にはトリルッサ*のそれのように思われる。

Fece la fine de l'abbacchio ar forno　彼は小羊のオーブン焼きの最期を遂げた
perché credeva ar libbero pensiero,　自由思想を信じたためだ、
perché si un prete je diceva:《È vero》　司祭が彼に「本当だ」と言うと、
lui risponneva:《Nun è vero un corno!》.　彼は「本当なんてとんでもない！」と答えたからだ。

＊（一八七三―一九五〇）ローマ生まれの詩人。主要作品に『ローマ方言による四十のソネット』（一八九五年）、『音楽喫茶』（一九〇一年）、等がある。（訳注）

第23章　フランシスコ・スアレスとルイス・デ・モリナ

私はこんなに短い拙著『物語近代哲学史』の中に、フランシスコ・スアレス（一五四八－一六一七）とルイス・デ・モリナ（一五三五－一六〇〇）をはたして含めたものか否かとたいそう悩んだ。彼らはいわゆるマイナーな哲学者である。けれども、私はこういう決めつけが好かなかった。それから、彼らの名を挙げないのは、私のスペインの読者に失礼になるかも知れぬと思い、こうして彼らを加えた次第である。スペイン人にとって、彼らの名前を見つけないのは、ナポリ人の私にとって、ナポリから二〇キロメートルの所に生まれたジョルダーノ・ブルーノを見つけないようなものであろう。

しかしながら、スアレスを深く理解するためには、少なくとも一回はイエズス会士たちとつき合っておかねばならない。ナポリでイエズス会士たちが建てた修道院では毎日曜日、サッカー試合をやったのである。一九四〇年代の私たち少年は彼らの所へよく遊びに行ったし、その代わりに彼らが私たちに要求した唯一のこと、それは試合の前にミサを聴くことだった。そのミサは決して終わらず、とても長く、永遠に続いた。だが、プレイしたいという私たちの欲求はとても強かったから、ミサは終了した（Ite missa est）を待ちながら、じっとがまんするのだった。

その当時は、どうやら私は狂信者たちの宗派と付き合っていると思っていたらしい。イエズス会士の元へなら、断じて告解に出かけたりはしなかったであろう。不純な行い（自慰）ですら、私がとがめられたであろうことは確かなのだから。なぜこんなことを語るかというと、スアレスもデ・モリナもイエズス会士だったからなのである。

当時、スコラ学はまったく、もしくはほとんど重要性がなくなっていたし、信仰は理性の下に置かれていたのである。ところがまさにこのとき、スアレスとデ・モリナのおかげでトマス主義、つまり、一種の新スコラ学が誕生したのだ。これは教権も俗権も認めるものだった。彼らによると、前者は主に依存し、後者は民衆に依存しているのである。で、王は？ スアレスとデ・モリナによると、もう何の重要性もない、とされた。実際、神は民衆の上に位し、民衆はと言えば、王の上に位する、とされたのである。けれども、この二人組はカトリックの正統性や自由意志を信じていたし、この理由で、ルターやカルヴァン主義者たちとは距離を置いていたのだった。

フランシスコ・スアレスは『形而上学論争』（一五九七年）や、『政治的信条』についてのエッセイ、『真の知性について』を著した。

ルイス・デ・モリナの著書には、『自由意志と恩寵との一致。神の前知、摂理、救霊予定、懲罰を併せて考察する』（一五八八年）がある。内容を把握するためには、このタイトルを見るだけで十分だ。

フランシス・ベーコン（1561－1626）

第24章　フランシス・ベーコン

フランシス・ベーコンが自著の宣伝をしなければならなかったとしたら、「学識は力なり」で始めたであろう。実際、十六世紀には知識のある者たちが支配していたのに対して、無知な者たちは服従していたのである。彼ベーコンは学識のある人だったから、支配していたことになる。中世に比べて、彼の世界は激変していた。火薬、印刷術の発明、羅針盤《コンパス》の三つが生き方そのものを変革させていた。当時、ある国家にとって、銃で武装した軍隊を持つことは、今日、原子爆弾を保有するようなものだった。たとえば、ラテンアメリカでスペイン人やポルトガル人が何をしたのかを考えるだけで十分だ。兵員は少なかったが、銃を有していたために、彼らは全大陸を征服することができたのである。

フランシス・ベーコン（一五六一―一六二六）はロンドンの良家に生まれた。彼の父はなんと、女王エリザベス一世の国璽《こくじ》尚書、サー・ニコラス・ベーコン卿（一五〇九―一五七九）だったのだ。

十二歳でケンブリッジ大学に学び、二十三歳で下院議員になり、五十六歳のときには、父親の地位を継いで女王付きの国璽尚書になった。当初はエセックス伯の顧問となり、その後、伯の腹心となり、最後には、哀れにも伯の不興を買うやその政敵となった。けれども、幸運がいつもそばにあったわけではない。一六二一年には、裁判官として収賄の廉で断罪されたのだ。どうやら係争中の両者の一方からお金を受け取ったらしい。彼は反対側からもお金を受け取ったと言って自己弁護したのだが、それでも弁解するまでには至らなかった。そして、四日間続けて、ロンドン塔に監禁されたのだった。

ベーコンを理解するためには、まず帰納法と演繹法との区別を理解しなければならない。帰納法とは、特殊から普通に到達する論理的推理を言う。逆に、演繹法とは、逆の過程、つまり、普遍から特殊に到達するやり方を言う。帰納法の例――ハリーナはナイジェリア少女で、イタリアに住み、売春婦になっている。したがって、私はイタリアに住むすべてのナイジェリアの女性が売春婦になっていると考えざるを得ない。演繹法の例――私の知っているナイジェリアの女性たちはみな売春婦になっているから、ハリーナもナイジェリアの女性である以上、売春婦になっているに違いない。

私がわざと間違った二つの実例を持ち出したわけは、読者諸賢に帰納法も演繹法も信じないようにしてもらうためである。事実を一つずつ評価し、そして、検討したケースが九九%を超えるときに初めて、統計を信用するほうがよいのだ。だが、九九%でも請け合うことはできない。バートランド・ラッセルが語っているのだが、ある日、国勢調査担当者がウェールズの或る村の千人の住民に当初質問し、姓がみな Williams だと発見してから、仕事を中断し、一日休暇を取った。ところで、彼は重大な過失をしでかしたのだ。なにしろ、住民の一人は Williams ではなくて、Jones だったからである。

だが、今はベーコンに戻るとしよう。彼は帰納法を好み、演繹法を、それとともに三段論法を嫌っていた。数学に対しても、あまり実験的でないと見なして、これを軽蔑していた。彼にとって、アリストテレスの論理学は何の価値もなかった。あまりにも演繹的だったからだ。「世界が存在する以上、これを創造した者が存在するに違いない」と言うのは、無知な者だけに受け入れられうる推理なのだ。

ベーコンにとって、幻像（idola）〔先入見〕は危険なものだった。彼は幻像を四種に区別した。

――種族の幻像（idola tribus）。私たちの人間性、つまり、私たちの無意識によって心に刻み込まれている。

――洞窟の幻像（idola specus）。プラトンに言わせると、私たちはイデアは見られず、ただイデアの影を見るだけであり、したがって私たちがもっているのは、私たちを囲繞する現実についての歪んだイデアなのだという事実に由来する。

――市場の幻像（idola fori）。社会的偏見や、大多数が考えているすべてのことに結びついている。

――劇場の幻像（idola theatri）。にせ哲学や、無能な著者たちに由来する。

ベーコンの方法は二部から成っていた。幻像から解放されることを本分とする解体的な部（pars destruens）と、私たちを科学の研究へ招く構築的な部（pars construens）とである。

正直に言って、ベーコンに徹頭徹尾賛成することはできない。仮に演繹法がなくなれば、私たちが学校で学んだ科学の大半は破滅してしまうであろう。一つのことだけを言っておくと、彼は科学を愛していたとはいえ、コペルニクスやケプラーが毎日星空を眺めることによってのみ、宇宙の仕組みを演繹していたことに対して、反感を抱いていたのである。

蟻、蜘蛛《クモ》、蜜蜂に関しての彼の隠喩は有名だ。ベーコンは言う、経験的な人間は蟻のようなものであって、あたりに見つかるものを何でも集めて利用しようとする。逆に、合理的な人間は蜘蛛のようなものであって、自らの体から糸を紡《つむ》ぎ出して、巣をつくろうとする。最後に最良の人間（つまり、彼本人）は蜜蜂のようなものであって、花々の蜜を蜜蠟や蜂蜜に変えるのだ、と。要するに、ベーコンは控え目な人と言える者ではなかったのだ。

彼は順々に、『随筆集』、『威厳ならびに人智、聖なる知識について』、『論考と判断』、『古い知識について』、『ノーヴム・オルガヌム』、『博物学』を発表し、彼の死後には、『森の木立』と『ニュー・アトランチス』が出た。

フランシス・ベーコンについて

古い仮説が私の脳裡に浮かんできた。あるとき、ある人はベーコンが実はシェイクスピアだったという噂を広めた。時代は十六世紀末、十七世紀初頭、と同じだ。逆に、質《クオリティ》のほうはすべてベーコンに有利に働く。シェイクスピアは何者だったのか？　小っぽけな役者だけではないか？　そこで私たちは自問するのだ、小っぽけな役者が『ロミオとジュリエット』や『オセロウ』や『ハムレット』といった三七篇もの戯曲を書けたのだろうか、と。「生きるか死ぬか」(To be or not to be) というせりふだけでも、一哲学者の存在を前提とする。してみると、あなたはベーコンがこれを書いたと見なしたがるだろうか？　かくして、人によっては、ウンベルト・エコが『シェイクスピアはたまたまシェイクスピアだった』という短篇小説を書いたとさえ考えるに至るだろうか？　けれども、それを読んでみると、彼本人もそんなことを信じていないことがすぐに分かるのである。

トンマーゾ・カンパネラ（1568－1639）

第25章　トンマーゾ・カンパネラ

テレジオやカンパネラのように、南伊の奥地に生まれた人が、周囲の自然に影響されないでおれるわけがない。実際、カンパネラもテレジオも感覚論を信じたし、また、カラーブリアには他の諸地域のそれとは異なるまったく特有の魂があるということを信じたのだった。一つだけ挙げると、北伊のポー川流域の魂と比べることは不可能である。それぞれの地域に一年暮らしてみれば、そのことに気づくであろう。このことを別にしても、カンパネラの形而上学はテレジオのそれよりもはるかに形而上的である。こんな表現が許されると仮定しての話であるが。

カンパネラ（一五六八―一六三九）はカラーブリアのイオニア海岸のスティロに生まれた。当初はジャンドメニコと呼ばれていたが、後に、聖トマスに敬意を表して、名を変え、トンマーゾと呼んでもらうように決心したのだった。逆に学校では、友人たちが彼の額の上に七つのたこがあったため、彼のことを〝七山ちゃん〟(Settimontano）と呼んでいた。十四歳のとき、ドミニコ会修道院に入った。それから、そこを出ると、魔術師や占星術師をやり始め、そして、台本どおりのように、異端の嫌疑を受けた。最後に、状況を悪化させることには、彼はガリレイを擁護して、『ガリレオ弁明』なるエッセイを書いたのだった。

彼の人生を困難にした不幸には、政治的陰謀と異端裁判との二つがあった。まず、陰謀から始めよう。カンパネラはスペイン人が我慢できなかった。彼らに反対するために、彼は一連の陰謀をたくらんだ。彼はあらゆる種類の人間――盗賊、暗殺者、ふしだらで堕落した修道士――を雇った。彼と同じようにスペイン人の副王を毛嫌いしていれば、誰でも良かったのである。その中には、トルコ人も集めたりした。トルコ人たちは三〇隻のガレー船団とともにやって来て、スティロ沿岸沖に停泊した。上陸することはしなかった。ただ彼らを見せるためだった。要するに、少し怖がらせるためにこんなことを企てたのである。

もう一つの問題は、異端にかかわる四つの裁判だった。ナポリ、ローマ、フィレンツェ、パドヴァで、優に二七年間――少しばかり間隔もあったが――投獄されたのだ。審問では、彼はありとあらゆることで弾劾された。つまり、神は存在しない、三位一体はつくりごとである、イエスは神の御子ではない、聖母は処女ではない、と言ったことにされた。それから、この描写を完成させるために、彼はまた男色や、汎心論的汎神論でも弾劾された。彼が死刑を逃がれたのは、狂人の振りをすることができたからにほかならない。彼は拷問中にさえ笑うことができたらしいし、それだけで、迫害者たちをして彼を釈放させるようにするには十分だったのである。

自由になるや、彼はパリに逃がれ、ルイ十三世の庇護下に身を置いた。この王は彼の生命を救ったばかりか、ふさわしい年金も支給したのだった。

彼の思想に何よりも影響を及ぼしたものには、テレジオや、占星術師であるユダヤ教の律法学者《ラビ》との出会いがあった。テレジオの感覚論とユダヤの神秘学（オカルティズム）とから、彼の哲学は生まれたのである。これとは別に、彼は詩人でもあった。幾十篇ものマドリガルを書いている。彼が読書愛を明らかにしているものを一つ次に引用しよう。

Sto dentro un pugno di cervello
e divoro quanti libri posso.
Quanti e quanti ne ho mangiato
e pur sempre di digiuno moro.

私は一握りの脳味噌の中に
できる限りの本をむさぼる、
食べれば食べるほど
いつも空腹で死にそうだ。

現実には、書物と自然との間で、彼は自然を選んだのである。エッセイ『事物の意味について』の中で、彼はためらわずにこう言っている。

幾世紀もの当初から今日までに書かれたあらゆる書物からよりも、一匹の蟻や一本の草から、私は多くのことを学ぶ。私にとって、哲学することは、神によって書かれた本を読むことを意味する。

カンパネラにとっては、万物が一つの霊魂を有しており、相互に語っているのだ。「その果実が鳥になる植物があるし、また、星辰と語る鳥がいる」。最後に、多くの場合、知識は味覚と、したがってまた、身体的知識と一体化する。「味を付けると、味覚は増すものだ」。その後、彼は有とその三レヴェルをこう説明している。「できる者は存在するし、存在する者は知るし、知る者は愛する」、と。この時点で、はたして彼が哲学者か詩人か、どちらに規定するのがより妥当なのか、私には分からなくなる。

彼の最上の著作から、『太陽の都』（一六二三年）、『感覚で実証される哲学』（一五九一年）、『事物の感覚と魔術について』（一六二〇年）、『イタリアの諸君主への弁論』、『形而上学』を挙げておく。すべて監獄の中で書かれたものである。

太陽の都は丘の上に聳えており、七つの積み重ねられた環から成っており、これらの環は今度は七つの惑星に支配されている。丘の頂上に建っているのは、丸い寺院であって、複数の円柱で支えられたクーポラと、光を通して祭壇を照らすことのできるように頂上に穿たれた穴が付いている。祭司長は太陽である。その周囲に侍《はべ》る主《あるじ》たちは、ポン、シン、モルと呼ばれ、それぞれ、権力、知識、愛――つまり、有の三つの必要条件――を代表する。太陽の都では、すべての富はプラトンの国家におけるのと同じく、共有である。

トンマーゾ・カンパネラの太陽の都の図示

トンマーゾ・カンパネラについて

彼がかつてエロティックな詩さえ書いたことを私は知った。それを教えてくれたのは、歴史家ルチオ・ヴィラーリである。

「信じられない」と私は言った。

「でも本当なのだ」と彼は念を押した、「もっと知りたければ、『八〇〇年間のイタリア詩。聖フランチェスコからパゾリーニまで』*というアンソロジーを入手したまえ。カンパネラのソネットも収められているから」。

この本を手にして、詩も読んだが、私は全然何も理解できなかった。引き続き、ここに一語一語そっくり書き写しておく。

La faccia di madonna, che di Dio
sola può dirsi imagin vera in terra,
e la man, providenza che non erra,
bagnate in atto a me cortese e pio,

tolsi l'acqua, applicaila al corpo mio,
già fracassato dopo lunga guerra
per gran tormento ch'ogni forte atterra,
del medesimo liquor bevendo anch'io.

地上での神の真の唯一の似姿とも言える
貴婦人の顔よ、それに
過つことなき天佑なる手よ、浸しておくれ、
わがいんぎんかつ敬虔なる行為の中に。

水を掬《すく》い、わが体に当てがっておくれ、
長い戦いの後で、どんな勇士《つわもの》も怖けさす
ひどい苦痛でもうずたずたになっているのだ、
同じ液体は儂も飲んでいるのだぞ。

Miraculo d'amor stupendo e raro!
Cessò la doglia, io diventai più forte,
le piaghe e le rotture si saldaro.

Sentendo in me le sue bellezze assorte,
le viscere, gioiendo, trapassaro
in lei, mia dolce vita, dalla morte.

素晴らしくて稀な愛の奇跡よ！
痛みは消え、儂はより強くなった、
切り傷や破れは癒着した。

儂がわが身の中に彼女の美の集合を感じる間、
内臓は喜びながら、死から、
わが甘き生命なる彼女へと移行した。

その後、ルチオ・ヴィラーリのおかげで私は全部を分からないまでも、少なくとも直観することに成功した。ある日、われらが哲学者が長い戦いの後で帰宅し、自分の女性が入浴中なのを見つけた。疲れてぐたぐたになっていたにもかかわらず、女性が浴槽から出るのを待って、それから、彼も浸かった。こうすることで、お湯のおかげで自分の体と愛する女性の体と間接的な接触が生じた。それだけではない。彼はその液体さえも飲んだ、つまり、お湯の中にもぐった。ところで、まさにこのとき、素晴らしくて稀な愛の奇跡が起きたのだ。痛みが消え、切り傷や破れは癒着した。とうとう、今しがた見かけたばかりの美の集合のことを考えていて、彼の手——過つことなき天佑——が、残りのことをした、つまり、自慰行為をやり出した。
ヴィラーリはこの最後のディテールには賛成しないのだが、しかしもしこうでないとしたなら、どうして彼の内臓が喜んだりするのだろうか？

* G. Spagnoletti (ed.), *Otto secoli di poesia italiana da s. Francesco d'Assisi a Pasolini* (Newton & Compton).

ガリレオ・ガリレイ（1564－1642）

第26章　ガリレオ・ガリレイ

生涯、望遠鏡の趣味を持たなかったような人がいるだろうか？　私は一九四〇年代末頃に、マニアのようにその趣味に染まった。十八歳だった。天狼星《シリウス》をもっと近くに見たかったのだが、あいにく、当時の私には、双眼鏡を買うだけのお金さえなかった。逆に今日、私にはお金はあるのだが、都の明かりのせいで、何も見ることができない。人生とはこういうものなのだ。できるときにはお金がないし、お金がたまるときにはできないのだ。しかもこのことはたんに望遠鏡ばかりか、この世のすべての良いものにも当てはまる。

望遠鏡の発明者はガリレオ・ガリレイだった（これは本当ではないのだが、私はこう言っておきたい）。本当の発明者は、オランダのミッデルビュルヒに住んでいたユダヤ人の眼鏡屋ザカリアス・ヤンセンなる者だった。たしかなこと、それはガリレイが「あるフランドル人が遠くのものが近く見える眼鏡を発明した」と知って、ただちに私用の目的でそれを製作する作業に着手したということである。彼自身、一六一〇年の『星界の報告』の中で、「一メートル以上の長さの鉛のチューブを取り上げ、その両端に一つは凹状の、もう一つは凸状の（両方とも内部は平らな）レンズをそれぞれ置いた。それから、片目を凹状の端に近づけてみると、物体が六〇倍大きく見えた」、と語っている。要するに、彼は望遠鏡の発明者ではなくて、再発明者だったのだ。最後に、すべてのことを承認したのはアカデミア・デイ・リンチェイであって、ギリシャ語で「遠くが見える」という意味の telescopio（望遠鏡）なる名称をこの道具に付したのである。

ガリレオ・ガリレイ（一五六四―一六四二）はピサで音楽家ヴィチェンツォ・ガリレイと主婦ジュリア・アンマンナーティとの間に生まれた。両親は彼が医者になることを望んでいたらしいが、彼のほうは病人に打ち込むよりも代数学や幾何学に熱中した。彼は三次方程式に関する難解極まる論文を書いたほか、『固体の重心』に関するエッセイをラテン語で書いた。翌年、偉大なアルキメデスへの一種の献本ともいうべき、『小天秤』を発表した。ただし、彼をただたんに、数学と物理学にとらわれた偏執狂と見なさないように注意が必要だ。実際、彼は人文研究に没頭したし、タッソの『エルサレム解放』やダンテの「地獄篇」に関してアカデミア・フィオレンティーナで幾度も講演を行ったのである。ある意味では、彼はレオナルド・ダ・ヴィンチが当時たどった道を追随したのだった。彼は『軍の建築』に関するエッセイ、『要塞論』、『球体論』、『機械学』を著した。

望遠鏡を常用したことで、彼はコペルニクスの諸テーゼの妥当性を立証できたし、その目的から、四通の書簡、いわゆる『コペルニクス書簡』――その一通は同僚ケプラーに宛てたもの――を書いた。だが、彼の最重要なエッセイは『二大体系対話』（一六三二年）だった。この作中ではシンプリチョ、サルヴィアーティ、サグレード、の三人に語らせている。第一の人物はプトレマイオスのテーゼを、第二の人物はコペルニクスのテーゼを、そして第三の人物は真相を知りたがっている公衆を代表している。

あいにく、この『対話』は教会当局にも読まれて、ここから面倒が始まるのだ。中世期には、教会は眼鏡を疑いの目で見ていたのであり、望遠鏡のことは言うまでもない。司祭たちは言っていたのだ、「不可欠なものをすべて見るためには主がすでに私たちに目を与えてくださっている。残りのものを見るには、信仰の目をもってしなければならない」、と。

ところがガリレイは望遠鏡のおかげで、肉眼では見えない幾百もの星を見たし、また、月が世人からいつも信じられてきたような、平らで滑らかなものではないこと、星雲が雲ではなくて、無数の星の集まりであること、木星に四つの衛星があること、を発見したのである。これら衛星に対して、彼はメディチ家のコジモ二世への敬意から〝メディチ家星〟(Stelle Medicee)と名づけた。最後に、彼はルターに怒りをぶちまけた。聖書ではヨシュアが地球に対してではなく、太陽に止まれと命じていたからという理由だけで、ルターはコペルニクスのことを「取るに足らない天文学者」と決めつけていたからである。

ガリレイはこう明らかにしていた、「天文学と信仰は対立しない。重要なことは、両者の境界を超えないということである。信仰の目的は霊魂を救出することだし、天文学の目的は宇宙を研究することである。神を信ずることができると同時に、地球が太陽の周りを回転していると確信することもできるのである」。

一六一五年、彼は裁判にかけられて、終身刑を言い渡された。しかし、法王ウルバヌス八世(マッフェオ・バルベリーニ）の友情のおかげだけで、大司教ピッコロミーニ家で自宅拘禁に服するように、減刑してもらうことに成功する。ただし、当分、地球の動きに関してもう何も書かないこと、宇宙なる語をもう公衆の前で一切発しないこと、という条件付きだった。彼の敵は、ジョルダーノ・ブルーノその他の思想家たちを最期まで迫害していた張本人、例のベラルミーノ枢機卿だった。

彼は結婚し、三人の子供がいた。ヴィルジーニア、リーヴィア、ヴィンチェンツォである。長女はマリーア・チェレステなる名前で修道女になり、夭折した。ガリレイにとっては、これは生涯最大の苦しみだった。実際、父と娘との間には、裁判という困難な時期にあっても絶えず文通が交わされていたのである。彼は娘を心底愛していたし、娘も父を敬愛していた。晩年、ガリレイは視力を失ったが、弟子エヴァンジェリスタ・トッリチェッリとヴィチェンツォ・ヴィヴィアーニの介助のおかげでやっと動くことができた。ヴィヴィアーニはその後、師匠が亡くなったとき、こう書いている、「神が彼を呼び寄せたのは、彼が生前にものすごく見たがっていたあの驚異をすべて近くで見とれさせてあげるためなのだ」、と。

八年前には、彼は自らの信条放棄を大声で宣言せざるを得なかった。以下に、それを逐一転写しておこう。

私ガリレオは、フィレンツェのヴィンチェンツォ・ガリレイの息子であります。齢《よわい》七十歳にして、裁判に出頭し、いとも尊き神父さまや枢機卿猊下の方々の御前にひざまずき、聖書を目前にし、両手で触れながら、お誓いしますが、使徒伝承の神聖至極の教会の教えをいつも信じて参りました。私は自分の過ちを呪い嫌悪します。そして、将来にもはや異端と言われるようなことを口でも書き物でも決して主張しないことをお誓い致します。

その後、地球に言及し、ごく低い声で口ごもったのだった、「それでも回っている」(Eppur si muove) と。

ガリレオ・ガリレイについて

彼の〝物体の落下〟説が私はいつも好きだった。古代ギリシャ人の時代にも、物体はその重さに応じて、より速く、またはより遅く落下すると考えられていた。アリストテレスも言っていた、重くなるほど、落下に要する時間は少なくなる、と。ところが、ガリレイは正反対のテーゼを主張した。つまり、落下の時間はいつも同じなのであり、ただ固体が落下する環境の変化に応じてのみ、その時間が変化するのだ、と。したがって、水中ではかなりの時間を要するし、空中ではより少ない時間を、そして、真空の中ではさらにもっと僅かな時間を要することになる。石のほうが翼よりも早く落下するように見えるのは、翼がより大きな抵抗に遭うからに過ぎない。だが、仮に両方ともを真空の中で落下させたとしたならば、要する時間はまったく同じであろう。

当初はたんに彼の一つの直観に過ぎなかった。だが、彼は物事を実験しないでは興じられない人物だった。それで、いろいろと実験を開始した。でも、真空の中でいかにして実験するべきか？　真空はそう易々と実現できるものではない。そこで彼は考えた、斜面がこれを助けることはできまいか、と。実際、固体の落下を緩めると、彼はこの問題を測ることができるかも知れない。家で小卓を斜面にして、さらに、形は同じながら重さの違うブロンズの球を、次々と転がした。それから、やはり自ら発明した水時計で時間を測定した。球の落下する間、水を満たした容器からしずくを一滴ずつ落とし、下に置かれたコップの中にどれだけの水がたまったかを測ったのである。この問題に関しては、彼は若干のことを書いている。[*]

長さ一二ブラッチョ、幅三インチの、細長い木片を磨いてつやつやにしてから、その上に丸くしたブロンズの球を降下させて、木片をすっかり通過するのに要した時間を測定した。

そして、その先にはこうある。

時間の測定に関しては、私は大きな水のバケツを上に吊るしておき、そのバケツの底にはごく少量の水を通す細い管をはんだ付けしてあって、ちっぽけなコップに水がぽとぽとと注ぐようになっている。私はこういう操作を幾度も繰り返したし、言っておくが、寸分の違いもなかったのである。

こうして、何度も繰り返し試すことにより、彼は物体の落下速度が球の重さに依存しているのではなくて、斜面の角の正弦《サイン》に依存していることを突き止めることができたのである。

ところで、私はガリレオの姿をこんなふうに想像している。ナイトガウンを羽織り、細長い木片の前で、ブロンズの球を手にしながら、しかも、もう片手にはコップの中の水位を測るために物差しを握っているさまを。

＊ *Cf. Discorsi*〔新科学対話〕, pp. 215－219.

注

(1) 一九三八年生まれ。軽音楽歌手。映画も作っている。(訳注)

(2) こんなふうに並記したことを、ご容赦願いたい。

(3) "Epicuri de grege porcum"(ホラティウス『書簡集』四、15)(田中秀央/村上至孝訳、生活社、一九四六年、二四ページ)。

(4) "Ma che ce frega, ma che ce 'mporta…"

(5) ジクムント・フロイト『成功に負ける人びと』(伊訳、ボリンギエーリ社)。

(6) Lorenzo Valla, *De voluptate*, Ⅲ, 10.

(7) 詳細は、Jader Jacobelli, *Pico della Mirandola* (edizione Longanesi, Milano 1986) を参照。

(8) メルクリウスの言葉。(訳注)

(9) 大出哲ほか訳『人間の尊厳について』(国文社、一九八五年)、一三ページ。

(10) 大出哲ほか訳『人間の尊厳について』、一五ページ。

(11) 同書、一七ページ。

(12) ヨハン・ホイジンハ『エラスムス――宗教改革の時代――』(筑摩書房、筑摩叢書49(宮崎信彦訳)、一九六五年)、七九ページ。

(13) エラスムス(池田薫訳)『愚神礼讃』(白水社、一九四九年)、渡辺一夫訳(河出書房新社、一九六一年)。ピュタゴラスの数理哲学では、一、二、三、四の四つの数を原理的な重要数とした(渡辺訳、八一ページ注)。

(14) プラトン(藤沢令夫訳)『ファイドロス』(岩波書店、一九八〇年)、二四五、二三B-C(一七七ページ)。
(15) ニコロ・マキャヴェリ(池田廉訳)『君主論』一八(「世界の名著」16、中央公論社、一九六六年)、一一四ページ。
(16) もっと詳しく知るためには、Lucio Villari, *Niccolò Machiavelli* (edizione Piemme, 2000) を読むことをお勧めする。
(17) F・グイッチャルディーニ(永井三明訳)『フィレンツェ名門貴族の処生術——リコルディ——』(講談社、学術文庫、一九九八年)、一八四ページ。
(18) このことに関しては、Indro Montanelli/Roberto Gervaso, *L'Italia della Controriforma, Storia d'Italia* (edizione Rizzoli 1997) を参照されたい。
(19) Paracelso, *Contro i falsi medici. Sette autodifese* (edizione Laterza, 1995).
(20) もちろん、五〇〇年経った今日では、事態は変化したが、しかし、二〇〇三年三月二十日、イタリア共同通信社(ANSA)が出したニュースによると、医学界では正規の歯科医が四万名なのに対して、もぐりの歯医者は四万五〇〇〇名だという。もぐりの中には、警察官、運転手、水道屋、その他の〝職人たち〟が目立っている。
(21) オウィディウス『変身物語』VI、二三一に出ている。(訳注)

訳者あとがき

順当ならば『物語ルネサンス哲学史』とあるべきところだろうが、これにはクレシェンツォ一流のポリシーがあって、つまり彼は〝ヒューマニズム〟から近代が始まると考えているのである。ヒューマニズムの発見はギリシャ人が人類史上、初めて考えだしたものであり（フルムジアーディス『ギリシャ文化史』〈而立書房〉参照）、マグナ・グラエキアたる南イタリアにこの思想が復活して、多くの血が流されたとはいえ、華々しいルネサンスの開花を見ることになったのも、歴史の必然と言ってよかろう。

クレシェンツォがギリシャ人の末裔を自称していることは、既刊の『物語ギリシャ哲学史I』（而立書房）においてすでに読まれた読者も多かろう。誠に訳者本人の体験からしても、今日でさえ、ギリシャ・ローマ文化の源流たるこの二国ほど、温い人間味を覚えたところはない。こせこせした不快極まる（残念ながら！）国から旅してみて、いつも味わう体験である。

翻って、何の利益にもならない訳業《ごう》に打ち込むようになったのも、こういう言うに言えない鬱屈した気分を忘れて何かに熱中したかったからにほかならない。しかし、ここにクレシェンツォという鉱脈を発掘することになり、（共訳者とともに）言い知れぬ喜びを噛み締めている次第である。

本書には、著者の来歴を反映して、自然科学にまつわる話が多く出てくる。また、著者の十八番《おはこ》たる自伝的な事柄が頻出する。それにつけても、著者の実り多き学校時代を空しかった我が身に引き比べるとき、羨望の思いに駆られずにはおれない。

毎度のことながら、訳者たちの趣味に飽きもせずに付き合ってくださった書房の宮永捷氏に深謝申し上げる。

二〇〇三年九月十八日　行徳にて

谷口　伊兵衛

（付記）

著者は本書の続巻（マールブランシュまで）を目下執筆中の由である。早い上梓を期待したい。

索　引

人名索引

ア　行

アインシュタイン，アルベルト　15
アヴィケンナ　129
アカッタブリガ　43
アガトン　50
アグリッパ，コルネリウス　127〜129
アスクレピオス　130
アニエッロ　131
アブー・アル＝フワーリズミー　15
アブダラ　31
アリオスト，ルドヴィーコ　84
アリスト3世（アロンソ・ボルハ）87
アリストテレス　7,61〜63,103,113,114,130,142,165,182
アルキビアデス　50,51
アルキメデス　178
アルベルティ，レオン・バッティスタ　7
アルベルト　16
アレクサンデル6世（ロドリゴ）32,40,87
アレマンニ，ルドヴィーコ　84
アン・ブリン（英国女王）84
アンマンナーティ，ジュリア　178
アンリ3世（フランス）154
イエス　25,67,114
インノケンチウス8世　32
ヴィヴィアーニ，ヴィチェンツォ　180
ヴァザーリ，ジョルジョ　44,47
ヴァラウリ，マリオ　21
ヴァラ，ロレンツォ　19〜22
ヴァレンツァ，プラチド　141
ヴィテッリ・ヴィテロッツォ　88
ヴィラーリ，ルチオ　174,175
ヴェスプッチ，アメリゴ　7
ヴェットーリ，フランチェスコ　86
ウェルマン，マンリー・ウェイド　45
ヴェロッキオ，アンドレア・ディ・フランチェスコ・ディ・チオーネ　43,44
ウルバヌス8世（マッフェオ・バルベリーニ）179
エクファントス，シラクサの　116
エコ，ウンベルト　167
エセックス伯　163
エピクテス　103
エピクロス　19,153
エラスムス，ロッテルダムの　8,67〜74,77,103,104
エリザベス1世　154,163
オウィディウス　86
オジアンダー，アンドレアス　115
オポリヌス，ヨハンネス　128
オリヴェロット・ダ・フェルモ　88
オルシーニ，パオロ　88
オルシーニ，フランチェスコ　88

カ　行

カエサル，ユリウス　55
カッチョッポリ，レナート　58
カテリーナ　43

カトリーヌ，メディチ家の（フランス王妃） 138
カトリーネ，ポーラの 100
カラヴァッジョ，ミケランジェロ・メリージ 26
ガリレイ，ヴィチェンツォ 178,180
ガリレイ，ガリレオ 7,169,177〜183
ガリレイ，リーヴィア 180
カルヴァン，ジャン（ジャン・コヴァン） 7,104,107〜110
カルダーノ，ジェローラモ 131〜132
ガレノス 129
カンパネラ，トンマーゾ（ジャンドメニコ） 169〜175
キケロ 7,103,116
キャサリン，アラゴンの（英国女王） 77
キャンベル，ナオミ 16
グイードバルド・ダ・モンテフェルトロ 88
グイッチャルディーニ，フランチェスコ 7,53,93〜95
クサヌス，ニコラウス 9,11〜17
グーテンベルク，ヨハンネス 7
クラウディオス，プトレマイオス 119,120,124
クラーラ 36
クリスクオロ，エドゥアルド 14
クレメンス7世 94
ケプラー，ヨハンネス 7,119,120,121〜124,166
ゲルツ，ロトヘル 67
コジモ・デ・メディチ 26
コジモ2世 179
コプ，ギヨーム 107
コペルニクス，ニコラウス（ニコライ・コペルニク） 7,113〜116,119,120,123,124,166,178,179
コレッティ，サバティーニ 83
コロンブス，クリフトフォルス 7,55,130

サ 行

サヴォナローラ，ジローラモ 34,35,39〜41,83
サムソン 104
サントロ，ミケーレ 90
シェイクスピア，ウィリアム 167
シクストゥス5世 138
シニョーレ，ジュゼッペ 141
シビュレ 138
シャヴィニー，テオドール 139
ジャコモ（サライ） 48
ジュリアーノ・デ・メディチ 32
ジョルジョ 110
シラノ，ベルジュラック 147
スアレス，フランシスコ 159,160
セネカ 7,103
セルヴァツィウス 67
セルヴェトゥス，ミカエル 108
ソクラテス 7,13,28,50,62,70,73
ソロモン王 153

タ 行

タキトゥス，コルネリウス 7
タッソ，トルクアート 178
ダ・フェルモ，オリヴェロット 88
タラント，ニーノ 70
ダンテ，アリギエーリ 63,86
チェーザレ（ヴァレンティーノ公） 87,88
チェレステ，マリーア 180
チェレンターノ・アドリアーノ 13
ツヴィングリ，ウルリヒ 7,103〜105
デーイ枢機卿，ピエール 97
ティブッルス，アルビウス 86

デモクリトス　153
テレジオ，アントニオ　141
テレジオ，ベルナルディーノ　141〜144,169,170
トッリチェッリ，エヴァンジェリスタ　180
トリルッサ（カルロ・アルベルト・サルストリ）　157

ナ　行

ニケタス　116
ニーチェ，フリードリヒ　56
ノストラダムス（ミシェル・ド・ノートルダム）　137〜139

ハ　行

パウロ3世　116
パピーニ，ジョヴァンニ　31
パラケルスス，テオフラストゥス（フィリップス・アウレオルス・テオフラストゥス・ボンバストゥス・フォン・ホーエンハイム）　128〜130
ピアージ，エンゾ　90
ピエロ・ダ・ヴィンチ　43
ピコ・デラ・ミランドラ　8,31〜36,54,103
ヒッパルコス　113
ヒッポクラテス　130
ピュタゴラス　70,115,121
ピンダロス　103
ピントゥリッキオ，ベルナルディーノ・ディ・ベット　39
ビン・ラーディン　107
フィチーノ，マルシリオ　7,25〜29,54
フィデアス　69
フィロラオス　116
プトレマイオス　178
フス，ヤン　97,98
プトレマイオス　113,178
ブラーエ，ティコ　7,119〜121,123,124
フラカストーロ，ジローラモ　130〜131
プラトン　7,25,26,64,70,78,80,103,165,172
フランチェスカ　110
フリードヒ（ザクセン王）　99
プルタルコス　116
プルチ，ルイージ　54
ブルネルスキ，フィリッポ　7
ブルーノ，ジョルダーノ（フィリッポ・ブルーノ）　153〜158,159,180
フレデリク2世（デンマーク王）　119,120
フロイト，ジグムント　20,46,48
プロクロス　25
ベーコン，ニコラス　163
ベーコン，フランシス　7,129,163〜167
ヘシオドス　25
ペトラルカ，フランチェスコ　86
ヘラクレイス　153
ヘラクレイデス，ポンティコス　115,116
ヘラクレイトス　153
ベラルミーノ枢機卿，ロベルト　155,180
ペルジーノ，ピエトロ・ヴァンヌッチ　39
ベルルスコーニ，シルヴィオ　71,90
ヘンリー8世　77
ホイジンハ，ヨハン　8,67
ポダレイリオス　130
ボッカッチョ，ジョヴァンニ　47,85
ボッティチェリ，サンドロ・フィリペ

ーピ　39
ホメロス　25
ホラティウス・フラックス，クイントゥス　8,19
ポリツィアーノ，アニョロ・アンブロジーニ　54
ボルジア，ジョヴァンニ　87
ボルジア，ジョフレード　87
ボルジア，チェーザレ　87
ポルタ，ジャンバッティスタ・デラ　132
ボンコンパーニ，ジャンニ　56,57
ポンポナッツィ，ピエトロ　61〜65

マ　行

マカオン　130
マキャヴェリ，ニコロ　7,83〜91〜95
マラテスタ，パンドルフォ　88
マリスコッタ　85,94,95
マルグリット（エラスムスの母）　67
マルゲリータ・デ・メディチ　32
マンフレーディ，アストッレ　88
ミケランジェロ，ブオナロッティ　7,14,69
メアリ　77
メルツィ，フランチェスコ　49
モーア，トーマス　68,77〜81
モーゼ　25
モチェニーゴ，ジョヴァンニ　154,155
モリナ，ルイス・デ　159〜160
モンテーニュ，ミシェル・ド　147〜150

ヤ　行

ヤコポ　46
ヤンセン，ザカリアス　177
ユリウス2世　104
ヨハネス＝パウロ2世（ヴォイティラ）　34

ラ　行

ラインハルト，アンネ　105
ラッセル，バートランド　164
ラファエロ・サンツィオ　7
ラファカーニ，バルバラ　85
ラマンナ　110
リッチャ　85
ルクレーツィア　87,88
ルクレティウス　153
ルター，マルティン　7,68,73,97〜101,104,105,107,179
ルドヴィコ・イル・モーロ（ミラノ公）　47
ルドルフ2世（プラハの皇帝）　120,121
レオ10世　54,99
レオナルド・ダ・ヴィンチ　7,43〜51,54,178
レオパルディ，ジャコモ　116
レティクス，ヨアヒム　115
ローレン，ソフィア　36
ロレンツォ・イル・マニフィコ　8,32,39,47,53〜58

作品索引

ア　行

『アーミン服の婦人』 45
『威厳ならびに人智，聖なる知識について』 166
『イタリア史』 94
『イタリアの諸君主への弁論』 172
『イデアの影像について』 154
『疑うということ』 101
『運命について』 62
『英雄的情熱について』 154
『エルサレム解放』 178
『黄金のろば』 84,85
『オカルト哲学について』 128
『オセロウ』 167
『オデュッセウスの帰還』 39

カ　行

『科学の不確かさと空虚さについて』 128
『絵画論』 46
『格言集』 71
『カストルッチョ・カストラカーニ伝』 84
『勝ち誇った獣の売店』 154
『ガリレオ弁明』 167
『感覚で実証される哲学』 172
『機械学』 178
『球体論』 178
『饗宴』（プラトン） 50
『饗宴』（イル・マニフィコ） 54
『享楽および真の善について』 19,20
『狂乱のオルランド』 84
『キリスト教君主教育』 71
『キリスト教綱要』 109
『キリスト教について』 25
『キリスト教徒の結婚制度』 71
『愚神礼讃』 68,69,71
『クリーツィア』 84
『君主論』 83,84,89,90
『軍の建築』 178
『形而上学』 172
『形而上学論争』 160
『原因，原理および一者について』 154
『見神について』 11
『固体の重心』 178
『国家』 78,80
『コペルニクス書簡』 178

サ　行

『シェイクスピアはたまたまシェイクスピアだった』 167
「地獄篇」 178
『ジネーヴラ』 45
『事物の意味について』 171
『事物の感覚と魔術について』 172
『謝肉祭歌集』 54
『自由意志と恩寵との一致。神の前知，摂理，救霊予定，懲罰を併せて考察する』 160
『自由意志について』 62
『自由意志論』 68,71
『十二書簡集』 25
『小天秤』 178
『諸原理そのものに従った事物の本性について』 142
『神学』 25
『信仰の平安について』 11
「人生はなぜ短いのか」 84
『真の知性について』 160
『随想録』（エセー） 147,148,150

『随筆集』 166
『好き嫌いについて』 130
『星界の報告』 177
『政治的信条』 160
『戦術論』 84
『占星術反駁』 34
『争論』 54

タ 行

『大悪魔ベルフェゴール』 84
『太陽の都』 172
『大予言書』 138
『対話集』 72
『対話篇』 25
『鷹狩り』 54
『球遊び』 11
『知ある無知について』 13
『ティトゥス・リーウィウス初十巻論考』 84
『デカメロン』 47
『天界について』 120
『天球の回転について』 114〜116
『天馬ペガサスのカバラ』 154
『道徳的小品集』 116
『土曜，日曜，月曜』 36
『奴隷の意志について』 68,71,73,99

ナ 行

『偽医者を反駁する』 129
『二大体系対話』 178,179
『ニューアトランチス』 166
『人間の尊厳について』 8,31,33
『ノーヴム・オルガヌム』 166

ハ 行

『梅毒またはガリア人の病気について』 131
『灰の晩餐』 154
『博物学』 166
『八百年間のイタリア詩。聖フランチェスコからパゾリーニまで』 174
『ハムレット』 167
『春』 39
『フィレンツェ史』 84
『ブドウ酒樽の新しい体積測定』 121
『古い知識について』 166
『ヘルメス主義者たち』 25

マ 行

『魔術について』 62
『マンドラゴラ』 84,85
『無学者』 11
『無限宇宙と諸世界について』 154
『モーセ像』 14
『モナ・リザ』 45,46
『森の木立』 166

ヤ 行

『ユートピア』 78,80
『要塞論』 178

ラ 行

『リコルディ』 94
『霊魂の不滅について』 62
『ろうそく売り』 154
『ロミオとジュリエット』 167
『論考と判断』 166

ワ 行

『わが人生について』 132

〔訳者紹介〕

谷口伊兵衛《たにぐちいへい》（本名：谷口　勇）
　1936 年　福井県生まれ
　1963 年　東京大学大学院西洋古典学専攻修士課程修了
　1970 年　京都大学大学院伊語伊文学専攻博士課程単位取得
　1975 年 11 月～76 年 6 月　ローマ大学ロマンス語学研究所に留学
　1992 年　立正大学文学部教授（英語学・言語学・西洋古典文学）
　1999 年 4 月～2000 年 3 月　ヨーロッパ，北アフリカ，中近東で研修
　主著訳書　『ルネサンスの教育思想（上）』（共著）
　　　　　　『エズラ・パウンド研究』（共著）
　　　　　　『中世ペルシャ説話集』
　　　　　　「教養諸学シリーズ」既刊 7 冊（第一期完結）
　　　　　　「『バラの名前』解明シリーズ」既刊 7 冊
　　　　　　「『フーコーの振り子』解明シリーズ」既刊 2 冊
　　　　　　「アモルとプシュケ叢書」既刊 2 冊ほか

ジョバンニ・ピアッザ（Giovanni Piazza）
　1942 年　イタリア・アレッサンドリア市生まれ
　現在ピアッ座主宰。イタリア文化クラブ会長
　マッキアヴェッリ『「バラの名前」後日譚』，『イタリア・ルネサンス　愛の風景』，アプリーレ『愛とは何か』，パジーニ『インティマシー』，ロンコ『ナポレオン秘史』，クレシェンツォ『愛の神話』，マルティーニ『コロンブスをめぐる女性たち』，サラマーゴ『修道院回想録』（いずれも共訳）ほか

物語近代哲学史――クサヌスからガリレイまで――

2004 年 2 月 25 日　第 1 刷発行

定　価　本体 1800 円＋税
著　者　ルチャーノ・デ・クレシェンツォ
訳　者　谷口伊兵衛／ジョバンニ・ピアッザ
発行者　宮永捷
発行所　有限会社而立書房
　　〒 101－0064　東京都千代田区猿楽町 2 丁目 4 番 2 号
　　振替 00190－7－174567/ 電話 03（3291）5589
　　FAX 03（3292）8782
印　刷　有限会社科学図書
製　本　大口製本印刷株式会社

落丁・乱丁本はお取り替えいたします。

ISBN4-88059-310-9　C1010

ルチャーノ・デ・クレシェンツォ／谷口勇、G・ピアッザ訳

1995.4.25刊
四六判上製
128頁
定価1500円
ISBN4-88059-202-1 C0010

疑うということ

マリーア・アントニエッタ侯爵夫人の65歳の晩餐会の席に、邸の前でエンストを起こした技師デ・コンチリースも招待された。その夜、技師から、侯爵夫人は、もしかするとあったかもしれない過去とその結果招来したであろう未来を見せられる。

ルチャーノ・デ・クレシェンツォ／谷口伊兵衛訳

近刊

クレシェンツォ言行録—ベッラヴィスタ氏かく語りき—

イタリアの異能クレシェンツォが、ニーチェの『ツアラトゥシュトラ』に擬して著した、現代に向けての新・言行録。彼自ら主役の映画も製作されている。英・西・独、等の諸国語に訳されている。

ルチャーノ・デ・クレシェンツォ／谷口伊兵衛訳

近刊

わが恋人ヘレネー—現代版トロイア物語—

イタリアの異能クレシェンツォが、トロイア戦争を舞台に波瀾万丈のスペクタクルを展開させる。神話入門としても最適。十数カ国語に翻訳中の注目作品。乞う御期待。

ルチャーノ・デ・クレシェンツォ／谷口勇、G・ピアッザ訳

ビデオ
1995.4.25発売
90分、5000円
サブテクスト
1995.11.25刊
四六判上製
228頁
定価1500円
ISBN4-88059-206-4 C0070

『愛の神話』（ビデオテーク）

作家であり、映画監督で市井哲学者としても著名な、鬼才クレシェンツォがギリシャ神話をテーマにして製作したビデオテークの第1作『愛の神話』の日本語版。“愛”の典型を、映像と活字から迫る力作。

ルチャーノ・デ・クレシェンツォ／谷口伊兵衛、G・ピアッザ訳

近刊

『英雄たちの神話』（ビデオテーク）

『愛の神話』に続く第2弾。クレシェンツォの解説はますます冴え渡っている。伊語・日本語のDVで二重の鑑賞が楽しめる。ビデオテークの第2作。

谷口伊兵衛訳

近刊

ラーマーヤナ（挿絵入り／インド古典の平易な解説書）

谷口伊兵衛訳

近刊

マハーバーラタ（挿絵入り／インド古典の平易な解説書）

ルチャーノ・デ・クレシェンツォ／谷口　勇訳

1986.11.25刊
四六判上製
296頁
定価1800円

物語 ギリシャ哲学史Ⅰ　ソクラテス以前の哲学者たち

ISBN4-88059-098-3 C1010

古代ギリシャの哲学者たちが考え出した自然と人間についての哲理を、哲学者たちの日常生活の中で語り明す。IBMのマネジャーから映画監督に転進した著者は、哲学がいかに日常のことを語っているかを伝えてくれる。

ルチャーノ・デ・クレシェンツォ／谷口伊兵衛訳

2002.10.25刊
四六判上製
302頁
定価1800円

物語 ギリシャ哲学史Ⅱ　ソクラテスからプロティノスまで

ISBN4-88059-284-6 C1010

前篇に続く、有益で楽しい哲学史ものがたり。前篇以上に著者の筆致は冴えわたる。独・仏・スペイン・韓国等の各国語に翻訳され、いずれも大成功を収めている。

ルチャーノ・デ・クレシェンツォ／谷口伊兵衛訳、G・ピアッザ訳

物語 中世哲学史　アウグスティヌスからオッカムまで

ギリシャ哲学史に続く、著者の愉快この上ない面白哲学講義。イタリアのジャーナリズム界の話題をさらった一冊。

ルチャーノ・デ・クレシェンツォ／谷口伊兵衛訳、G・ピアッザ訳

物語 近代哲学史　クザーヌスからガリレオまで

ルネサンス期を近代の誕生と捉え、生々しく描く。著者のもっとも円熟した一冊。イタリアで大ヒットしている。

ルチャーノ・デ・クレシェンツォ／谷口伊兵衛訳

近刊

自　　伝—ベッラヴィスタ氏の華麗な生涯—

デ・クレシェンツォの哲学者的な一生を軽妙な筆致で描き切る。映画化計画中。スペイン語他の外国語への翻訳もいくつか計画されている。

ルチャーノ・デ・クレシェンツォ／谷口伊兵衛、G・ピアッザ共訳

2003.9.25刊
B5判上製
144頁
定価2500円

クレシェンツォのナポリ案内—ベッラヴィスタ氏見聞録—

ISBN4-88059-297-8 C0098

現代ナポリの世にも不思議な光景をベッラヴィスタ氏こと、デ・クレシェンツォのフォーカスを通して古き良き時代そのままに如実に写し出している。ドイツ語にも訳された異色作品。図版多数。

ウンベルト・エコ他／谷口伊兵衛編訳

1999.3.25刊
四六判上製
324頁
定価1900円

エコの翻訳論――エコの翻訳とエコ作品の翻訳論――

教養諸学シリーズ⑤

ISBN4-88059-260-9 C1010

レーモン・クノーの『文体練習』を自らイタリア語訳することで、早くから翻訳方法論を実践してきたエコの記号論的翻訳論と、『バラの名前』の各国の翻訳者たちの方法論やその出来映えを論じた諸論文を収録。

G・アプリーレ／谷口　勇、G・ピアッザ訳

1993.4.25刊
四六判上製
320頁
定価1900円

愛とは何か――万人の幸福のために――

ISBN4-88059-174-2 C1011

類書は巷間に珍しくないが、意外に良書は乏しい。イタリアの性学者・精神分析医による本書は、砂漠の慈雨といってよい。「愛の科学シリーズ」の一冊。

W・パジーニ／谷口　勇、G・ピアッザ訳

1993.3.25刊
四六判上製
288頁
定価1900円

インティマシー〔親密論〕―愛と性の彼方で―

ISBN4-88059-192-0 C1011

ジュネーヴ大学の精神医学教授の手になる本書は、エイズ時代の今日、真の人間性とは何かを“インティマシー”を通して平易に解説している。イタリアのベストセラー。「愛の科学シリーズ」の一冊。

L・デ・マルキ／谷口伊兵衛訳

近刊

愛と死

「愛の科学シリーズ」の一冊。

ヨルゴス・D・フルムジアーディス／谷口勇訳

1989.2.25刊
四六判上製
344頁
定価1900円

ギリシャ文化史　古代・ビザンティン・現代

ISBN4-88059-122-X C1022

作家であり詩人でもあるギリシャ人の手による鳥瞰図的通史。とりわけ、言葉を中心にすえた近代ギリシャ文化創生の苦闘と、ニコス・カザンツァキスを中心とする“現代篇”、“ビザンティン篇”は類書をよせつけない。

ダリオ・G・マルティーニ／谷口勇、G・ピアッザ訳

1992.10.10刊
四六判上製
160頁挿絵入り
定価1500円

コロンブスをめぐる女性たち

ISBN4-88059-167-X C0023

Ⅰ章「コロンブス―悪徳と美徳―」、Ⅱ章「コロンブスをめぐる女性たち」。イタリアの劇作家・コロンブス研究家によるユニークなコロンブス伝。ゆかりの女性たちを花々にたとえて生き生き描き出す。

U・エコ監修『教養諸学シリーズ』

ウンベルト・エコ／谷口　勇訳

1991.2.25刊
四六判上製
296頁
定価1900円

論文作法——調査・研究・執筆の技術と手順——

ISBN4-88059-145-9 C1010

エコの特徴は、手引書の類でも学術書的な側面を備えている点だ（その逆もいえる）。本書は大学生向きに書かれたことになっているが、大学教授向きの高度な内容を含んでおり、何より読んでいて楽しめるロングセラー。

ウンベルト・エコ／谷口　勇訳

1993.3.25刊
四六判上製
328頁
定価1900円

テクストの概念　—記号論・意味論・テクスト論への序説—

ISBN4-88059-175-0 C1010

著者が『記号論』と『物語における読者』をもとに、平易に行ったブラジルでの講義録。ブラジル語版のほか、伊語原稿をも参照して万全を期した。

ウンベルト・エコ／谷口伊兵衛訳

1997.5.25刊
四六判上製
272頁
定価1900円

記号論入門—記号概念の歴史と分析—

ISBN4-88059-228-5 C1010

西・葡・独・仏の各国語に訳された“記号”についての最適の入門書。J.M.Klinkenbergの改訂仏訳を底本にした。

ウンベルト・エコ／谷口伊兵衛訳

2001.12.25刊
四六判上製
304頁
定価1900円

中世美学史—『バラの名前』の歴史的・思想的背景—

ISBN4-88059-281-1 C1010

ウンベルト・エコの学問・思想の原点を開示する名著。13カ国に翻訳され、エコの名を世界にこだまさせることになる。

O・カラブレーゼ／谷口伊兵衛訳

2001.3.25刊
四六判上製
304頁
定価1900円

芸術という言語　—芸術とコミュニケーションとの関係についての序説—

ISBN4-88059-273-0 C1010

芸術は果たして言語をモデルとして体系化できるのか？
U・エコに師事し、モスクワ・タルトゥ学派の業績を根底にして、芸術記号論の構築をめざす。原題はIl linguaggio dell'arte.

P・ラゴーリオ／谷口伊兵衛訳

1997.9.25刊
四六判上製
192頁
定価1900円

文学テクスト読解法　—イタリア文学による理論と実践—

ISBN4-88059-231-5 C1010

Come si legge un testo letterarioの全訳。
有名な記号論学者マリーア・コールティの序文付き。イタリア文学を素材に、平易に解説した手引書。文学入門として好適。